Écoute
Le chant du rossignol
Dans
Le concert des tambours

SAYED RIZVI ROSHAN

ROSHAN est un enseignant spirituel.

Après avoir étudié et suivi de multiples voies spirituelles traditionnelles, entre autres le soufisme, le dzogchen, l'advaita et le zen, ainsi que les différents courants occidentaux de psychologie, de psychothérapie et de philosophie, Roshan élabore Satranga, un enseignement spirituel contemporain. Il définit Satranga comme une approche de réalisation spirituelle et d'évolution humaine. Satranga intègre les connaissances de la psychologie moderne, de la philosophie et de la spiritualité traditionnelle dans un tout cohérent.

Par son enseignement, Roshan nous propose la possibilité de vivre une vie plus riche et authentique, une vie de plénitude et de sérénité, une vie alignée avec notre nature spirituelle. Il nous montre comment l'ego prend racine et obscurcit la nature essentielle et lumineuse de l'être humain et comment s'en libérer.

Son enseignement s'adresse aussi bien à notre esprit logique qu'à notre cœur, et impacte tous les aspects de notre vie.

Depuis la fondation de Satranga en 1989, Roshan assure la transmission de cet enseignement à travers des séminaires, des retraites et des contacts individuels en Europe, et particulièrement en Europe francophone.

ULTIME REPONSE

Un séminaire avec
S.R.ROSHAN

Une introduction à
SATRANGA
Un enseignement spirituel

ULTIME REPONSE

Une introduction à SATRANGA Un enseignement spirituel

Auteur: S. R. ROSHAN

Copyrights : © Sayed Rizvi 2021-2022

Coverture et photos : Gabriel Rizvi

Édition : BoD – Books on Demand, info@bod.fr

Impression : BoD – Books on Demand, In de Tarpen 42, Norderstedt (Allemagne) Impression à la demande

ISBN : 978-2-3224-3811-2

Dépôt légal : Septembre 2022

Prix : 9,90 Euros TTC

Contact : sat.roshan@yahoo.com

SOMMAIRE

SAYED RIZVI ROSHAN 2

PRÉFACE 7

UNE REFLEXION PERSONNELLE 9

JE DEDIE CE LIVRE A VOUS, CHER LECTEUR ! 11

ENTRETIEN AVEC UN LEVRIER DE COURSE 12

UNE INTRODUCTION A SATRANGA 13

QUI ETES-VOUS, MONSIEUR ROSHAN ? 18

LA VOIE SPIRITUELLE ARC-EN-CIEL 21

LA CARTE ET LE TERRITOIRE 23

LE COURAGE DE CHERCHER LES REPONSES 28

LA SPIRITUALITE EST UN CHOIX 31

L'INSTINCT DE VERITÉ 35

POSER LES BONNES QUESTIONS 39

EXTRAORDINAIREMENT ORDINAIRE 43

CHERISSONS NOS UTOPIES ! 45

L'EVEIL ET LA CONNAISSANCE DE SOI 47

JOUER A CACHE-CACHE AVEC L'ABSOLU 48

DUALITE ET NON-DUALITE 50

DE L'INTERIEUR VERS L'EXTERIEUR 53

LE CHANGEMENT EST LA SEULE CONSTANTE 58

RENVERSEMENT DE PARADIGME 62

LE BONHEUR N'EST PAS A GAGNER	65
LE FEU NE PEUT LA BRULER	70
OUI, LA SOUFFRANCE EST EVITABLE	73
NAVIGATION PAR LA SAGESSE	75
NOUS SOMMES TOUS DES CHERCHEURS	82
SUIVRE SON DESTIN	86
LE SUBLIME NECTAR	89
LA PERSONNALITE CHRONIQUE	96
LA METHODE DE SATRANGA	101
MENTAL, CET INCONNU !	106
MEDITATION, CONTEMPLATION, REFLEXION	109
L'EXPLORATION EST UN REGARD	114
LE PRINCIPE D'AUTO-CORRECTION	119
LE SUJET DE L'EXPLORATION	123
SPIRALE DE L'EXPLORATION	130
UN PROCESSUS SOUSTRACTIF	132
L'EXPLORATION EST UN SAVOIR-FAIRE	135
L'EXPLORATION N'A RIEN DENOUVEAU	139
L'ENSEIGNANT EST UN AMI	142
INVITATION	151

PRÉFACE

Je suis ravi de vous présenter ce livre.

Ce livre est une introduction à Satranga.

Satranga est un enseignement spirituel contemporain que je dispense depuis plus de trente ans.

Encore un livre ? *Me direz-vous* ! Et encore un enseignement ?

Il y a déjà des milliers de livres étalés dans les librairies qui traitent de la spiritualité, de la psychologie et du développement personnel. Tous ces livres promettent d'améliorer notre vie, de nous rendre heureux, de nous aider à retrouver la paix et la sérénité. Il y a une multitude d'écoles spirituelles qui nous proposent d'enseigner la vérité. D'innombrables techniques de méditation sont disponibles sur le marché de la spiritualité et du développement personnel. Il existe des centaines d'ateliers et de retraites avec leurs promesses de changement, d'évolution, d'illumination.

Pourquoi encore un enseignement ? Que pouvez-vous offrir de nouveau qui n'ait déjà été dit ou écrit ? Que peuvent apporter un nouvel enseignement, un autre livre ?

Il y a une multitude d'enseignements spirituels, parce qu'il y a une multitude de chercheurs spirituels. Tout le monde ne cherche pas la même chose au nom de la spiritualité, ni chaque enseignement n'offre la même vision de la spiritualité. Entre un enseignement et un chercheur une syntonie de vision et d'intention est nécessaire pour une interaction efficace.

Ce livre est une tentative de souligner la vision, l'orientation et le potentiel de Satranga. Qui sait, peut-être c'est l'enseignement le plus juste et approprié pour vous. Peut-être c'est l'approche qui va toucher votre cœur. Peut-être c'est le livre qui va éclairer votre chemin spirituel !

Je l'espère sincèrement.

Ce livre reprend la somme des conversations et échanges qui ont lieu pendant un *week-end séminaire*, dédié à une *introduction à Satranga* et que j'ai animé récemment. Mon intention pour ce week-end était de parler ouvertement et sans complaisance des idées, des concepts et des principes de l'enseignement Satranga et de sa méthodologie, dans un langage simple, clair et compréhensible.

J'avais attentivement préparé ce séminaire. Mais, comme d'habitude, une fois devant l'auditoire, j'ai tout oublié. Je me suis alors laissé gagner par la dynamique de groupe et par les questions spontanées provenant de l'auditoire.

C'était une assistance hétéroclite, d'une vingtaine de participants. Certains étaient déjà des familiers de Satranga, d'autres pas. Certains avaient des pratiques spirituelles de longue date et des connaissances spirituelles avancées, et d'autres n'en avaient aucune. Il y avait les *super convaincus* et les *hyper sceptiques,* tous réunis pour mon plus grand plaisir.

J'expose ici, dans leur intégralité, les échanges que nous avons eus durant ce week-end. Certains passages de ces entretiens vous paraîtront quelque peu chaotiques, conflictuels et contradictoires. Vous trouverez certaines questions hors contexte ou répétées. L'origine de cela est leur caractère direct, non formel et spontané. Par souci d'authenticité, j'ai voulu garder la forme et le déroulement de ces échanges tels qu'ils ont eu lieu sans les modifier. Je sollicite votre indulgence.

Je tiens à remercier tous ceux présents à ce séminaire et qui m'ont permis, par leurs questions pertinentes, d'avancer les fondements de l'enseignement Satranga.

Je rends grâce également à Patrick DOTREMONT et Didier PALLOT pour leur travail de transcription, de correction, de mise en forme de cet ouvrage.

S.R. ROSHAN

sat.roshan@yahoo.com

UNE REFLEXION PERSONNELLE

Ce livre est une rencontre.
Une rencontre avec un enseignant.
Une rencontre avec un enseignement.

Un engagement spirituel est une entreprise subtile et délicate. Une démarche spirituelle est un investissement en temps, en énergie, en argent et en espoir. Un engagement spirituel mérite et exige une réflexion préalable, profonde et sincère.

Satranga est une des multiples voies d'évolution et de réalisation spirituelle. Ce n'est pas le seul enseignement, il y a un nombre infini de propositions disponibles à notre époque. Satranga ne se réclame pas non plus être un enseignement universel qui conviendrait à chacun d'entre nous. En effet, aucun enseignement n'est à ce point universel pour convenir à tout le monde. À tout le moins, je n'ai pas connaissance de l'existence d'un tel enseignement. C'est pour cela qu'il y a tant et tant d'enseignements différents qui correspondent à tant et tant de chercheurs différents.

Est-ce un enseignement approprié pour *moi* ?
Est-ce un enseignement qui *me* convient ?
Est-ce que la *vision* de cet enseignement *me* touche ?

Ce sont des questions que vous devriez vous poser quand vous rencontrez tout enseignement.

Le but de ce livre est de vous encourager à réfléchir à ces questions. Alors, pendant la lecture, prenez le temps de réfléchir et d'explorer votre propre expérience par rapport à ce que j'expose.

Ainsi, tout en étant une introduction à Satranga, ce livre est également un outil de contemplation spirituelle et une invitation à une réflexion personnelle. C'est une opportunité, pour vous, de vous poser les questions importantes, par exemple :
Quelle est ma vision de la vie ?
Que signifie pour moi le fait de vivre ?
Que représente à mes yeux une vie réussie ?
Qu'est-ce qui est important dans la vie ?
Comment je perçois ma vie ?

ULTIME REPONSE

Est-ce ma vie ou la vie des autres que je vis ?
Est-ce que je vis à travers le regard des autres ?
Qui suis-je ? Qui suis-je vraiment ?
Quelle est mon expérience quand je pense à ce qui je suis ?
Quels sont mes rêves ?
Et en quoi sais-je que ce sont les miens ?
Suis-je heureux ?
Si oui, pourquoi ?
Si non, pourquoi ?
Ai-je le sentiment d'accomplir pleinement mon destin ?
Que représente l'évolution pour moi ?
Est-ce que je me sens en évolution perpétuelle ?
Ai-je l'impression de stagner et de tourner en rond ?
Quelle idée ai-je de l'homme ?
Quelle conception puis-je avoir de la spiritualité, du divin ?
Est-ce que la spiritualité a une place dans ma vie ?
Si oui, laquelle ?
Comment vois-je un enseignement spirituel ?
Qu'est-ce que je pourrais y chercher, y puiser, y trouver ?...

    La réflexion à partir de ces questions vous permettra de clarifier votre aspiration à la spiritualité, et de définir la nature de l'enseignement qui vous conviendrait.

    Bonne exploration !

JE DEDIE CE LIVRE A VOUS, CHER LECTEUR !

A vous qui connaissez déjà LE SECRET.

Vous connaissez le secret, mais vous faites semblant de ne pas savoir !

Ou peut-être vous l'avez oublié !

L'avez-vous vraiment oublié ? J'ai du mal à le croire.

Auriez-vous oublié que vous êtes un miracle ?

Auriez-vous oublié que vous êtes une création divine ?

Vous êtes un cadeau au monde ; vous êtes une véritable expression artistique de la vie ; la perfection est votre caractère ; le pouvoir est votre substance ; il n'y a pas de limite à ce que vous êtes ; vous êtes le créateur de formes infinies ; vous êtes la beauté et l'amour dans la forme humaine ; vous êtes la force de milliers de cœurs.

Vous êtes précieux, Vous avez le bon sens, le génie, la sagesse,

Vous savez que vous êtes un être parfait, une Personne entière.

Vous êtes pur potentiel.

Vous savez que vous avez tout ce qu'il faut pour vivre une vie formidable, une vie sublime.

Vous savez que vous ne pouvez pas être un objet abimé. Jamais !

Vous ne pouvez pas être incomplet,

Vous ne pouvez pas être brimé.

Ce sont les mensonges et les illusions qui parfois vous empêchent de jouir de votre vie pleinement, vous empêchent de vous sentir vivant et joyeux, vous empêchent de vivre en paix, d'être heureux et accomplir votre destin.

C'est le plus grand secret que je connaisse, et que vous connaissez aussi dans les couches profondes de votre conscience !

Et ce secret, je tiens à le mettre en pleine lumière, et vous le **rappeler** dans ce livre.

Bonne lecture !

ENTRETIEN AVEC UN LEVRIER DE COURSE

Tu fais toujours des courses ? Demandai-je à un lévrier.

Non, répondit le chien, *je ne cours plus* !

Pourquoi ? As-tu quelques problèmes ?

Non, je n'ai aucun problème !

Serais-tu un peu fatigué ?

Non, non, je suis en pleine forme !

Te sens-tu trop vieux pour courir ? Je l'ai taquiné.

Non, pas du tout, j'ai toujours les courses dans mes jambes !

Et quoi alors ? Tu ne gagnes pas plus souvent, peut-être ?

J'ai gagné plus d'un million de dollars pour mon maître ! dit-il fièrement.

Alors, c'est quoi ? Un mauvais traitement... ?

Oh non, répondit le chien. *Nous sommes traités royalement quand nous participons aux courses.*

Mais alors qu'est-ce qui ne va pas ? J'ai insisté.

J'ai cessé de courir, c'est tout ! Répond le chien.

Tu as cessé ? Et c'est tout ?

Oui dit-il, *j'ai cessé de courir, c'est tout* !

Mais voyons, enfin pourquoi as-tu cessé de courir ?

J'ai cessé de courir car, après avoir couru, couru et couru durant des années, un jour, j'ai découvert que le lapin que je chassais... n'était même pas réel !

Inspiré de Fred B. Craddock
The Cherry Long Sermons.

Samedi

UNE INTRODUCTION A SATRANGA

Bonjour et bienvenue à ce séminaire !

Pourquoi ce séminaire ?

Son but est de vous présenter une nouvelle approche de la spiritualité, un enseignement spirituel original : Satranga.

En vous invitant à ce séminaire, mon intention est de vous présenter Satranga *en long et en large*, de vous faire part de sa vision et de sa méthodologie.

Au cours de ce séminaire, je vais également vous communiquer mon enthousiasme de la Spiritualité. Je vous exposerai l'importance et la pertinence d'une démarche spirituelle et ses enjeux. Je vais tenter de vous montrer que la spiritualité est une des aventures les plus exaltantes et les plus gratifiantes, un jeu joyeux plein de surprises et d'enchantements, et vous inciterai à l'entreprendre. Je vous démontrerai comment un enseignement spirituel ajoute une dimension nouvelle dans votre vie et peut la changer, la transformer et l'enrichir.

Sachez que, comme vous, je suis un étudiant et un explorateur du mystère de la vie et de l'existence. Je ne prétends pas connaître l'ultime vérité. L'enseignement que je présente aujourd'hui est le résultat de mes recherches, de mon expérience, de ma réflexion et de ma compréhension. Il peut être apprécié et estimé, aussi bien que mis en question et critiqué. Il n'y a rien de sacro-saint, rien de définitif dans mon discours.

Vous avez sûrement vos expériences, vos réflexions, vos interrogations, vos idées sur la vie en général, et sur la spiritualité en particulier. Beaucoup d'idées et de concepts abordés durant ce séminaire vous seront familiers, alors que vous trouverez certains autres nouveaux et originaux. Vous trouverez certains concepts et idées raisonnables et même attractifs. D'autres vont vous faire résister, et stimuler votre scepticisme, et même peut-être le rejet.

Je ne vous demande pas d'adhérer aveuglement à ces concepts ; je ne vous demande pas non plus de croire à tout ce que je dis. Je vous demande seulement de donner une chance à ces idées, de vous ouvrir à la possibilité que les idées et les concepts que je vais partager avec vous pourraient être valables, utiles, source d'inspiration et de réflexion et pourraient être une nouvelle approche de la spiritualité !

Je vous suggère d'aborder ce séminaire avec un esprit ouvert, sans apriori, de mettre de côté, bien sûr temporairement, tout ce que vous savez à propos de la spiritualité, et de ne pas vous engager dans le jeu des comparaisons avec d'autres écoles et d'autres enseignements.

Les comparaisons et jugements nous bornent dans tout ce qui est déjà connu, ne font que bloquer notre compréhension, et nous empêchent de voir la vie d'une façon nouvelle.

Une nouvelle façon de voir la vie est en somme l'idée principale de ce week-end.

Tout ce qui est essentiel est souvent invisible à l'œil nu. Le but de ce séminaire est de rendre visible l'invisible. Vous savez aussi bien que moi que les mots et le langage sont inappropriés et inefficaces pour rendre visible l'invisible. Mais malheureusement nous n'avons que les mots et le langage pour travailler. Alors, nous nous en accommoderons le mieux que nous pourrons.

Bien sûr, la compréhension et l'analyse sont impératives ; Bien sûr, la cohérence et la logique sont impérieuses. Mais durant ce séminaire, n'essayez pas uniquement de comprendre intellectuellement ce que je dis. *Sentez* aussi ce que j'exprime. Écoutez ce que je dis, mais écoutez aussi ce que *j'essaye* de vous dire. Mon discours est une tentative de diriger votre attention vers ce qui est essentiel, mais insaisissable avec les mots. Je vous invite à m'écouter au-delà de mes mots. Écoutez mes mots, mon discours, et regardez dans la direction vers laquelle ils dirigent votre attention.

Ce n'est pas ce que je dis qui est important, mais ce que vous entendez, ce que vous ressentez, ce que vous réalisez pour vous-même, ce qui vous touche personnellement, ce qui sonne juste en vous. C'est cela qui peut avoir un impact dans votre entendement.

Je vous rappelle que ce séminaire n'est pas un cours magistral où vous êtes censés m'écouter passivement. Ce séminaire est une conversation dans laquelle je sollicite votre participation active.

Si à un moment, mon discours ne vous paraît pas assez clair ou vous parait incohérent, n'hésitez pas à m'interrompre et faites-le moi savoir. Je vais tenter de clarifier tous les concepts et idées que j'avance et de répondre à toutes vos interrogations. Mon souhait est qu'au terme de ce séminaire, vous ayez une perception claire et juste de Satranga.

Vous m'honorez de votre présence ici aujourd'hui, je vous remercie cordialement. Je vois quelques visages connus et beaucoup de visages nouveaux. Avant d'aller plus loin, permettez-moi de me présenter... Je m'appelle Roshan, et... et j'ai toujours mal à me définir... Disons, pour la convenance, que je suis un enseignant spirituel....

Participant: *Pourquoi hésitez-vous à vous définir comme un enseignant spirituel ?*

Roshan: J'hésite parce que je n'en suis pas un vraiment ! Le concept d'enseignant suppose quelqu'un qui sait quelque chose et qu'il peut transmettre cette chose à quelqu'un qui ne sait pas.

La spiritualité est une révélation, une réalisation, une lumière. Personne ne peut l'enseigner de l'extérieur !

Participant: *Si vous n'êtes pas un enseignant spirituel, est-ce qu'on pourrait dire que vous êtes un gourou ou un maître spirituel ?*

Roshan: Non, je ne prétends être ni un gourou ni un maître. Je préfère encore le titre d'enseignant. Un humble enseignant qui n'enseigne rien que de regarder au fond de Soi !

Participant: *Mais comme tout enseignant spirituel vous enseignez la vérité spirituelle et dispensez la connaissance de Soi !*

Roshan: Non, l'enseignant spirituel n'enseigne pas la vérité, ni la connaissance de Soi. Il enseigne comment découvrir la vérité, comment découvrir le Soi. C'est très différent ! Pour paraphraser un proverbe chinois bien connu... *L'enseignant ne vous donne pas de poissons, il vous apprend à pêcher !*

Participant: *Croyez-vous qu'on ne peut pas enseigner la vérité ? On ne peut pas enseigner la connaissance de Soi ?*

Roshan: Pouvez-vous m'enseigner le gout du thé ?

Vous pouvez m'enseigner l'histoire du thé, sa provenance, ses différentes qualités, ses différentes façons de le préparer... mais toutes ces informations et savoir ne me donneront jamais le goût du thé. Je saurai le goût du thé quand je l'aurai bu.

Toute vérité n'est qu'une rumeur, tant qu'elle n'est pas dans votre cœur ! La vérité spirituelle est une expérience, un goût, une saveur. **Seul celui qui a goûté, sait.**

Participant: *Attendez, qu'est-ce que la vérité spirituelle ? De quelle vérité parlez-vous ?*

Roshan: Dans le cadre d'un enseignement spirituel nous parlons de la vérité spirituelle. La vérité de ce que nous sommes, la vérité de notre nature essentielle. Nous parlons aussi de ce que nous ne sommes pas et croyons être….

Participant: *Alors, qui nous sommes, quelle est notre nature essentielle, qui nous ne sommes pas et croyons être ?*

Roshan: Oui justement, ce sont les questions essentielles, et toute la spiritualité tourne autour de ces questions. Je peux vous donner les réponses à ces questions mais cela ne changerait rien dans votre vie. Vous devez trouver les réponses vous-même…

Participant: *Même si cela ne change rien dans ma vie, donnez-moi les réponses quand même !*

Roshan: Selon Satranga, la **nature essentielle** ou l'**essence** est la nature spirituelle de l'homme. Ce sont les qualités de notre humanité. L'amour, la joie, la sagesse, la compassion, l'intelligence, la valeur…sont quelques-unes de ces qualités. Nous sommes nés ainsi, avec ces qualités comme potentielles. Nous ne pouvons ni perdre ni développer ces qualités. Nous découvrons, exaltons et intégrons ces qualités dans notre vie. L'essence est ce qui nous sommes. C'est notre vérité. Réaliser l'essence, c'est se réaliser, c'est réaliser le SOI !

Ce que nous ne sommes pas et nous croyons être, nous appelons cela l'**ego**. L'ego est une construction socioculturelle, une identité imposée par le monde extérieur, construit par les interactions avec notre environnement et par les événements du passé. L'ego c'est ce que je crois être. Nous allons développer ce qu'est l'ego tout au long de ce séminaire. Nous verrons comment l'ego fonctionne et comment il nous empêche de vivre notre vie authentique.

Participant: *Les enseignants spirituels dispensent de la sagesse et la guidance en apportant les réponses justes à nos questions ?*

Roshan: Oui parfois, mais pas toujours. Un enseignant spirituel n'est pas une machine à réponses ! Vous introduisez une question et la réponse juste tombe, comme dans une machine à coca, vous introduisez une pièce et la canette de coca tombe.

Des milliers de livres sont disponibles dans les librairies avec toutes les réponses à toutes les questions que vous vous posez… lire ces réponses, est-ce que cela change quelque chose dans votre vie ?

Participant: *Nous regardons vers les enseignements et les enseignants espérant qu'ils ont les réponses à nos questions.*

Roshan: Regardez dans votre conscience, dans votre divine conscience, et là, vous y trouverez toutes les réponses. Nous regardons toujours à l'extérieur de nous-mêmes pour trouver nos réponses, nos solutions, toute résolution. Regarder dans la direction juste signifie regarder la vraie source de nos expériences.

Un enseignant sait que ses réponses ne changeront rien dans votre vie. Seules vos réalisations, vos propres réponses peuvent vous aider à avancer sur votre chemin de l'évolution. Alors, un enseignant ne vous donne pas des réponses, il vous aide à trouver vos propres réponses. Il vous aide à vous connecter à votre sagesse inhérente, à votre guidance intérieure.

Participant: *Croyez-vous qu'un enseignant ou un enseignement n'est pas indispensable sur le chemin spirituel?*

Roshan: Satranga considère que **chacun de nous est son propre expert**, mais recourir à un enseignant, recourir à un enseignement permet de prendre des raccourcis...

P: *Attendez ! Que voulez-vous dire par notre propre expert?*

R: Cela veut dire que chacun de nous possède les informations uniques concernant son esprit. Personne d'autre que nous ne peut y accéder. Personne ne peut nous connaître mieux que nous-mêmes, même pas nos proches, notre conjoint ou conjointe, nos parents, nos enfants, notre psy ou notre *maître spirituel*.

Pour pouvoir explorer son monde intérieur, pour se découvrir, se comprendre, comprendre ses pensées, ses sentiments, ses émotions, ses actions…, chacun d'entre nous est le plus apte à le faire. Nous avons nos propres réponses. Nous seuls pouvons répondre aux questions essentielles que nous nous posons. Nous seuls savons ce qui est le mieux pour nous….

P: *Non, pas toujours. Nous ne savons pas vraiment ce qui est mieux pour nous. C'est bien cela le problème !*

R: Quand nous avons des choix à faire, voir ce qui est juste pour nous, pour notre vie, personne d'autre que nous n'a l'accès à notre *sagesse inhérente* plus que nous. Seulement, personne ne nous a appris à écouter la voix de notre sagesse. C'est pour cela que Satranga ne donne pas des réponses, ne fait pas d'analyse, ne donne pas de conseils, de formules, de méthodes…Satranga apprend à écouter notre *sagesse inhérente*.

Participant: *Certaines questions méritent tout de même des réponses ? Nous n'allons pas inventer la roue chaque fois.*

Roshan: Bien sûr, cela dépend des questions.

Si vous me demandez quel est le chemin le plus court pour aller à Cannes, je pourrai vous répondre. Si vous me demandez pourquoi la mer est salée, c'est un autre type de question, et quelqu'un d'autre peut vous répondre. Si vous me demandez comment élever une poule ? Je vous propose de voir Patrick, il peut vous répondre.

Quelle est ma place dans l'univers ? Quel est le sens de la vie ? Qu'est-ce que l'amour ? Qui suis-je ? Qui suis-je face à l'autre ? Ces questions sont-elles du même ordre que celles citées auparavant ? Peut-on donner la réponse à ces questions ? Seriez-vous satisfait de mes réponses ? Même si je prétends avoir la réponse, ma réponse ne peut pas vous satisfaire.

QUI ETES-VOUS, MONSIEUR ROSHAN ?

P: *Vous n'êtes ni gourou ni maître, vous n'êtes même pas un enseignant, alors qui êtes-vous monsieur Roshan ? Quel est votre autorité ? Pourquoi devrais-je vous écouter ?*

R: Je n'ai aucune formation formelle en psychologie, philosophie, spiritualité ou théologie. Je n'ai pas non plus de pouvoirs exceptionnels. Je ne peux ni marcher sur l'eau, ni faire de lévitation, ni guérir des maladies incurables, ni appeler les esprits des défunts. Je ne peux, non plus, purifier votre aura ou prédire votre avenir. Et…croyez-moi, je suis encore capable de me mettre en colère, si un téléphone portable sonne en plein milieu de mon discours !

Tout simplement, je ne suis pas si différent de vous.

La spiritualité est ma grande passion. Je lui ai consacré une cinquantaine d'années d'énergie, de temps et d'argent. Mes amis et mes proches pensent que cette passion chevauche les limites de l'obsession ; ils ont tort, cette limite est déjà dépassée depuis longtemps...

Bien entendu, l'élaboration de Satranga et sa vision spirituelle sont intimement liées à mon parcours personnel. A travers Satranga, je vous offre tout ce que j'ai appris durant mon voyage spirituel, durant mon parcours personnel d'évolution, de transformation et de guérison. Je vous offre aussi le fruit de mon expérience partagée avec les innombrables compagnons de route, les élèves et les chercheurs spirituels qui ont été sur mon chemin.

P: *Représentez-vous une lignée, une tradition ?*

R: Non, je ne représente aucune lignée, ni aucune tradition.

L'approche de Satranga n'est associée à aucune tradition mystique ou religieuse particulière. Elle s'inspire des traditions spirituelles multiples, de la psychologie moderne, de la philosophie et de la science.

P: *Peut-on vraiment associer la psychologie et la spiritualité?*

R: C'est une mauvaise question ! La bonne question serait : qui les a séparées? Et pourquoi ?

L'évolution psychologique est indissociable de l'évolution spirituelle. Les domaines spirituel et psychologique ne peuvent être séparés. Ce sont les deux volets d'une même conscience. Les préoccupations psychologiques sont présentes tout au long du parcours spirituel. Satranga reconnaît la synthèse inhérente entre l'expérience spirituelle et le psychologique.

Satranga est une approche multidimensionnelle. La psychologie traite de la dimension personnelle de l'être humain, alors que la spiritualité pénètre sa dimension impersonnelle. C'est l'alignement des deux dimensions qui permet de vivre une vie réellement spirituelle.

P: *De quel courant spirituel Satranga s'inspire-t-il principalement ?*

R: On me pose souvent des questions sur l'origine de Satranga. On veut légitimement savoir si l'enseignement Satranga s'inscrit dans une tradition ou un courant spirituel particulier, comme l'hindouisme, le bouddhisme ou le soufisme, si c'est une approche non-duelle de la spiritualité. Est-ce que Satranga s'inspire de la quatrième voie de Gurdjieff... ? Nous avons souvent besoin de définir, de comparer, d'évaluer une chose par rapport à une autre chose bien connue. Cela nous rassure !

Satranga est une approche moderne de la spiritualité. La source de Satranga n'est pas à l'extérieur ni dans les écrits, ni dans les traditions, mais à l'intérieur, au cœur du dévoilement de notre conscience. Nous n'étudions pas les doctrines spirituelles. Nous étudions l'homme, sa source d'inspiration, le souffle de son acte créatif et, par-là même, le sens de son évolution.

P: *Vous suggérez que Satranga est une approche moderne de la spiritualité. Cela me fait penser au film de Charlie Chaplin* **Les temps modernes** *mais qui date de... 1936.* **Moderne** *peut paraître ancien avec le temps.*

R: Oui, vous avez raison, le mot moderne peut prêter à confusion. Permettez-moi de la dissiper. Quand j'utilise le mot *moderne*, ce n'est pas une question d'époque, ni des modes ambiants. C'est en contraste avec le mot *traditionnel*.

Vous avez les enseignements spirituels traditionnels comme le bouddhisme, le soufisme, le dzogchen, l'advaita.... En utilisant le mot *moderne*, j'indique que Satranga est un enseignement contemporain et *non-traditionnel*.

P: *Non-traditionnel ne veut pas dire anti-traditionnel ?*

R: Non-traditionnel ne veut sûrement pas dire anti-traditionnel. Bien que cet enseignement ne fasse référence à aucune tradition spirituelle en particulier, il a pour origine les enseignements ancestraux communs aux plus grandes écoles de spiritualité et de philosophie.

Satranga est un enseignement spirituel *sophistiqué* qui intègre la sagesse des voies traditionnelles et les découvertes de la psychologie moderne. Il offre une intégration nouvelle et puissante de la psychologie et de la philosophie occidentale, avec des pratiques millénaires de la contemplation et la méditation venues d'Orient. Satranga apporte une vision authentique et originale, un nouveau paradigme de la spiritualité.

Satranga n'adhère à aucun enseignement traditionnel, certes, mais ne nie non plus aucun système de croyance ou vision de la spiritualité. Satranga est une discipline spirituelle du cœur, libérée des tyrannies des dogmes.

LA VOIE SPIRITUELLE ARC-EN-CIEL

P: *L'élaboration de Satranga est liée à votre parcours spirituel personnel. Je serais intéressé de connaître un peu plus votre parcours spirituel personnel.*

R: Je ne suis pas ici aujourd'hui pour vous raconter mon histoire, mon parcours spirituel personnel. Ce serait trop long et fastidieux dans le cadre de ce séminaire. Ce séminaire n'est pas *à propos de moi*. Il est *à propos de vous* et de votre possible évolution.

P: *Pourquoi pas ? Connaître brièvement votre parcours personnel pourra nous aider à mieux vous connaître, et mieux connaître votre enseignement.*

R: Mon parcours personnel est tout ce qu'il y a de plus ordinaire. J'ai vécu une vie relativement intéressante, sûrement plus intéressante que d'aucun, et moins intéressante que d'autres. Comme tout un chacun, j'ai vécu et traversé des périodes de joie et de souffrances dans ma vie. Comme beaucoup d'autres, j'ai cherché le sens et la signification de la vie dans les livres, dans les philosophies, dans la psychologie… Je me suis embarqué dans une recherche spirituelle intense… Au cours de celle-ci, j'ai eu le privilège et le bonheur de rencontrer des maîtres, et d'apprendre d'enseignants fantastiques, merveilleux, doux, et parfois féroces, et terrifiants aussi !

Ma plus grande aspiration, du plus loin que je me souvienne, a toujours été de répondre aux questions que tout le monde se pose probablement : Q*ui suis-je ? Quel est le chemin de la liberté et du bonheur ?* …

Ces questions m'ont toujours *obsédé*. Elles étaient la source de tous mes voyages, de toutes mes lectures, de toutes mes réflexions, de toutes mes discussions. En effet, ma vie tournait autour de ces questions.

J'ai cheminé avec ces questions d'une école à l'autre. J'ai étudié différents courants de la psychologie, de la spiritualité et de la philosophie du sous-continent indien où je suis né et où j'ai grandi; Je me suis intéressé à toutes sortes de yogas. J'ai pratiqué d'innombrables techniques de méditation. J'ai emprunté les chemins du bouddhisme, du zen, de l'advaita, du vedanta, du soufisme, du chamanisme, de la quatrième voie de Gurdjieff...

J'ai également étudié et me suis initié aux multiples approches de la psychologie et des psychothérapies populaires dans le monde occidental. J'ai étudié les approches reichiennes, la Gestalt, le psychodrame, la psycho-synthèse, l'analyse transactionnelle, les analyses freudiennes et jungiennes.

Malgré toutes ces tentatives, durant des années, je restais insatisfait, sans avoir le sentiment de vraie plénitude, allant d'un état à un autre, parfois content, parfois non.

Je me suis enfin rendu compte qu'il était impossible de trouver les réponses à mes questions existentielles dans le *monde extérieur*...dans les livres, dans les théories, dans les enseignements, dans les techniques, ou dans les pratiques. J'ai commencé à voir clairement que mon insatisfaction et le mécontentement étaient le résultat de mes manques et de mes défaillances, créés par des fractures essentielles. Les manques et les défaillances créés par l'obscurcissement de ma *nature spirituelle inhérente*, l'obscurcissement de mon *Essence*.

En somme, toute ma recherche et ma quête spirituelle n'étaient qu'une tentative de soulager mes souffrances, et de combler mes manques et mes défaillances originels. Je croyais pouvoir les dompter tout en évitant de les regarder en face. Toute mon existence, ma vie spirituelle, affective, professionnelle et sociale, était motivée et conditionnée pour remplir mon *vide intérieur* à partir *d'éléments extérieurs*, matériels ou immatériels !

Á partir de cette compréhension, j'ai cessé de chercher la paix, la plénitude, la joie et le bonheur, en commençant par l'exploration du seul élément dont je pouvais être conscient : *mon expérience présente*.

Ce fut une grande surprise de voir que cette exploration et cette investigation dans la réalité de mon expérience subjective me conduisaient toujours plus profondément en moi, dans des terres vierges dont je n'aurais jamais soupçonné l'existence.

Ainsi est né l'enseignement Satranga, une approche de l'évolution et de la *Réalisation Essentielle.*

P: *Satranga me fait penser à Satsang ! Que signifie Satranga ?*

R: Satsang veut littéralement dire en compagnie de la vérité, ou en association avec la vérité. En général, Satsang est une réunion autour d'un sage. Satranga et Satsang ont les mêmes origines linguistiques : SAT signifie la vérité, et RANGA signifie couleurs : les couleurs de la vérité. C'est comme si on traversait la palette des couleurs multiples pour retrouver la lumière primordiale dont toutes les couleurs sont l'expression.

SAT signifie aussi le chiffre sept. En Inde, l'arc-en-ciel est communément appelé *Satranga*. Je crois qu'un enseignement spirituel est aussi enchanteur et beau qu'un arc-en-ciel ! C'est pour cela, Satranga est aussi appelé : **la voie spirituelle Arc-en-ciel.**

P: *Comprendre est une chose, fonder un enseignement en est une autre. Comment votre compréhension devient un enseignement?*

R: Je n'avais jamais songé fonder un enseignement spirituel. Pendant les années qui ont suivi, j'ai continué à affiner le processus d'exploration et d'investigation au cœur de l'expérience personnelle en associant quelques personnes de mon entourage proche. Cette exploration dans la conscience se fait selon une méthodologie spécifique et puissante qui met en lumière les phénomènes qui régissent notre vie.

Au début, je n'avais aucune idée de la façon dont mon travail allait se développer. J'ai suivi le cours des choses qui s'imposait. Avec le temps, et sans mon vouloir, Satranga est devenu un enseignement spirituel entier. C'est une approche particulière de *travail intérieur* caractérisée par sa précision, sa clarté et son objectivité.

LA CARTE ET LE TERRITOIRE

P: *La spiritualité actuelle, comme je l'ai souvent constaté, révèle beaucoup plus de flou et de pensées magiques que de précisions, de clarté et d'objectivité ! Est-ce que Satranga serait une exception ?*

R: La spiritualité est le sujet le plus fascinant, le plus profond, le plus gratifiant qui soit, mais fort malheureusement, aussi le plus confus. La spiritualité est très simple si on peut écarter le brouillard de la *confusion*. Couper à travers cette confusion est la partie la plus difficile de la démarche spirituelle.

La plupart des offres spirituelles actuelles, si nous les examinons à la loupe, apparaissent comme un méli-mélo de bonnes intentions, de promesses grandioses et de croyances populaires. Ce sont souvent un amalgame de mythes, de suppositions et de superstitions suivi des pratiques inappropriées et inefficaces. Ne serait-il pas utile pour les chercheurs sérieux de faire le tri entre les fantasmes et les réalités relatives à la spiritualité.

Satranga est une exploration dans les mystères de la vie. C'est une aventure humaine. C'est une approche philosophique, psychologique, et spirituelle qui se veut, complète, unifiée et réellement pratique, compréhensible, et salutaire.

Satranga comme toute enseignement spirituel authentique forme et appuie sa cohérence sur trois éléments: Premièrement, sa philosophie et sa vision, deuxièmement, sa méthodologie et les moyens pour réaliser cette vision, et enfin troisièmement, l'organisation pratique pour rendre cette réalisation possible….

P: *Que voulez-vous dire par la vision ? Serait-elle un ensemble de principes et de concepts d'un enseignement ?*

R: Oui, mais pas seulement. Une vision est aussi une carte, une carte du territoire, une carte du territoire de notre esprit…

P: *Et, que voulez-vous dire par l'esprit? Que voulez-vous dire par la carte de notre esprit ?*

R: Tout être vivant est corps et esprit. Nous pouvons dire que le corps est l'esprit visible et l'esprit est le corps invisible !

Dans le cadre de Satranga, l'esprit est le monde intérieur de l'homme. Par le monde intérieur, je veux dire notre conscience et le contenu de notre conscience, c'est-à-dire nos idées, nos croyances, notre savoir, nos mémoires. L'esprit c'est aussi la personnalité, l'ego, la nature essentielle, enfin tout ce qui constitue un être humain…

Chaque enseignement a une idée comment l'esprit s'organise, comment il fonctionne, de quoi il est constitué. C'est cela la carte de l'esprit. Il y a bien sûr les cartes simplifiées et les cartes complexes selon l'approche de chaque enseignement......

P: *Il y a de multiples cartes disponibles dans le monde spirituel. Chaque enseignement a sa carte de l'esprit de l'homme. Comment savoir que votre carte est plus juste qu'une autre carte ?*

R: Toutes les cartes sont valables, cela dépend de ce qui vous intéresse dans un territoire et ce que vous y cherchez. Les cartes sont les cartes, elles peuvent vous aider à découvrir le territoire. L'important c'est le territoire !

Différents enseignements établissent leur carte de l'esprit selon leurs motivations, selon leurs intérêts. C'est la vision de chacun de l'enseignement. C'est leur carte du territoire de l'esprit qui détermine les approches méthodiques d'un enseignement.

P: *Et bien sûr nous sommes censés accepter la validité de la carte et adhérer à la vision et aux idées, aux principes et aux concepts d'un enseignement !*

R: La carte n'est pas une charte. La vision d'un enseignement n'est pas un dogme non plus gravé dans une tablette de pierre. Chaque enseignement est fondé sur quelques idées noyaux, sur des compréhensions centrales, des principes fondateurs, une philosophie, qui forment ses piliers, en quelque sorte...

Vous pouvez les accepter ou les contester. Vous accordez à eux, ou les réfuter. Si vous ne vous sentez pas en accord avec ces idées, si ces principes ne vous touchent pas, ne vous parlent pas, alors cet enseignement n'est pas pour vous, et ne serait pas efficace. Vous ne pourriez alors pas entrer dans sa logique et dans sa méthodologie.

P: *Certains enseignements sont plus efficaces, certaines cartes peuvent être plus justes ?*

R: En réalité, tous les enseignements peuvent être efficaces. Tout dépend de la personne qui les suit et ce qu'elle cherche !

Aucune méthode, aucune approche ne peut convenir à tout le monde. Aucune méthode ne peut être appliquée uniformément à chacun. L'adéquation d'un enseignement à la démarche de l'élève nécessite une certaine familiarité avec la vision de l'enseignement, et une intimité entre lui et son enseignant.

L'élève a besoin de *résonner* avec l'enseignement. Un travail sur soi est une entreprise intime. Les formules passe-partout ne conviennent pas pour ce type de travail. Il est nécessaire de bien étudier la philosophie et la vision de l'enseignement avant de s'engager. Il est important de sentir la compatibilité, la syntonie, la cohérence que vous pouvez avoir, ou ne pas avoir, avec cet enseignement.

La différence fondamentale entre un enseignement et un autre ne repose pas seulement sur la vision. Les méthodes proposées et leur communicabilité, ainsi que leur capacité à s'adapter aux besoins de l'élève, constituent souvent leurs différences fondamentales.

P: *Le problème, c'est qu'il y a tant d'enseignements... et souvent contradictoires. Nous ne pouvons tout de même pas étudier tous les enseignements du monde avant de nous engager ?*

R: Allez-vous rencontrer toutes les femmes du monde avant d'en choisir une pour vous marier ? Non, vous laissez faire le hasard, son œuvre. Un enseignement spirituel est une rencontre. Aucune rencontre n'est fortuite. Laissez toucher votre cœur !

Quand vous rencontrez une femme, parfois vous savez au premier coup d'œil : c'est elle, c'est elle ! Mais parfois vous êtes seulement *touché* mais pas *coulé*. Vous ne la demandez pas en mariage immédiatement. Vous la fréquentez, vous vous familiarisez avec elle, vous lui faites la cour. Et un jour vous savez, oui, c'est elle !

Quand vous rencontrez un enseignement, il se peut que dès le premier instant vous sachiez que c'est votre chemin. Ou peut-être vous avez besoin de vous familiariser plus longuement avec lui avant de vous engager.

Vous ne pouvez pas choisir un enseignement à la légère. Ce doit être une décision consciente, délibérée, réfléchie. Pour vraiment s'engager dans un enseignement, il est impératif que vous vous y sentiez bien, à l'aise dans l'enseignement, bien chez vous. C'est une étape nécessaire.

P: *Et si je me trompe malgré tout ?*

R : Commettre des erreurs, c'est le lot de chacun d'entre nous, y compris moi. Je me suis trompé maintes fois, et je risque de me tromper encore et encore. Se tromper fait partie de l'aventure. Rectifier nos erreurs, c'est mûrir. Je doute fort qu'il y ait une fin à ce processus...

P: *Vous vous êtes trompé maintes fois comme vous le dites, mais comment vous avez gardé le cap ? Et, si je puis me permettre une seconde question, en quoi certains enseignements ne vous ont-ils pas satisfait ?*

R: Un vrai aspirant spirituel est censé être humble. Il ne pose pas la question de la satisfaction ou de la non-satisfaction personnelle. Il sait que les enseignements ne sont pas là pour le satisfaire, mais pour lui transmettre une vision de l'homme et sa possible évolution.

La spiritualité n'est pas une marchandise ou un produit de consommation que vous payez pour l'acquérir et ensuite vous l'évaluez selon votre indice de satisfaction ou de non-satisfaction. La spiritualité est une interaction entre un chercheur et un enseignement, une interaction entre un élève et un enseignant.

Plus vous êtes ouvert, plus vous investissez le temps et l'intérêt dans l'enseignement, plus l'enseignement se révèle et révèle ses secrets, plus les portes de connaissance et de réalisation s'ouvrent.

Il se peut qu'à un moment donné, un étudiant peut résonner avec certains aspects d'un enseignement, et pas avec d'autres. Il prend ce qu'il peut prendre selon sa capacité du moment, et il laisse *ouvert* ce qui lui paraît être en dehors de sa capacité d'entendement.

Ma plus grande compréhension fut de constater que l'évolution ne dépend pas des écoles, des traditions ou des maîtres ni de leurs méthodes. L'évolution dépend de notre passion pour la vérité. L'évolution dépend de notre capacité d'écoute et d'ouverture. Si quelqu'un reste avec ses idées préconçues, il ne peut ni écouter, ni entendre *le nouveau*. Si quelqu'un est ouvert et disponible, il trouvera toujours ce dont il a besoin dans toute tradition ou école !

Dans mon parcours spirituel, j'ai toujours trouvé des pépites d'or dans chacune des écoles et traditions. De chaque rencontre spirituelle, j'ai tiré quelques gouttes de miel, pour constituer mon pot personnel. Mon miel est un assemblage unique de mes rencontres, de mes expériences et de mes compréhensions.

P: *Et à travers Satranga, vous partagez ce miel!*

R: Oui, je n'ai rien inventé de nouveau.... Tout ce que je dis a déjà été dit par quelqu'un d'autre quelque part ailleurs. Beaucoup de sages, de mystiques et de maîtres ont exprimé les mêmes vérités à travers les âges, bien sûr avec des mots différents. J'apporte ma contribution, ma compréhension, ma sincérité, ma simplicité, et mon intention de rendre cet enseignement accessible au plus grand nombre possible de chercheurs et d'aspirants spirituels.

LE COURAGE DE CHERCHER LES REPONSES

P: *Il y a donc de multiples visions de la spiritualité. Qu'est-ce que la spiritualité selon vous ? Quelle est la vision de Satranga ?*

R: Oui, il y a de multiples visions de la spiritualité parce qu'il y a différents chercheurs spirituels avec leurs aspirations, leurs motivations, leur sensibilité, différentes.

La spiritualité selon Satranga est ce qu'indique le mot spiritualité, une exploration dans l'esprit humain. La spiritualité c'est se connaître ou plutôt se découvrir.

Satranga est une voie d'évolution humaine, un processus d'exploration de la conscience, une discipline philosophique. Sa raison d'être est de découvrir et de réaliser la *nature essentielle* de l'homme, sa vraie identité, sa magnificence, et de vivre cette réalisation afin de pouvoir s'épanouir dans sa vie et accomplir son existence.

Satranga introduit une philosophie et une spiritualité dans notre vie qui permettent de rétablir la *connexion* avec notre cœur, avec notre créativité, avec notre paix et notre joie. Satranga nous propose une nouvelle et large perspective de notre vie et de notre destinée. Il nous aide à découvrir ce qui nous est *essentiel*, de sorte que nos choix, nos décisions et nos actions soient le reflet de notre authenticité et de notre plénitude et non le produit de conflits, de manques et de frustrations.

Pour vivre une vie humaine, le pain ne suffit pas ! Nous, les êtres humains, nous sommes un mystère. L'esprit humain est infini mystère. La spiritualité c'est de se plonger dans ce mystère. L'exploration dans l'esprit humain nous révèle son potentiel, sa vraie nature et sa grandeur...

P: *La grandeur de l'homme est seulement une légende écrite dans les livres. La réalité est que l'homme est un loup pour l'homme !*

R: Oui, l'homme en s'éloignant de sa vraie nature perd sa grandeur. Satranga dévoile les éléments de connaissance pour comprendre comment l'homme perd sa grandeur, son authenticité et demeure prisonnier des conditionnements socio-culturels. Et, Satranga fournit également les méthodes et les pratiques pour se libérer de ces conditionnements et se reconnecter à sa nature intime pour pouvoir vivre sa vraie vie, sa vraie nature.

P: *Vaste programme !*
Mais la plupart des gens de notre époque se contentent du pain et un peu de jeux, c'est-à-dire la vie matérielle et les amusements, et ils considèrent la spiritualité comme bondieuserie inutile !

R: Et vous, qu'en pensez vous ?

P: *Je ne pense rien, je veux savoir ce que vous pensez!*

R: Vous n'avez pas besoin d'être un grand savant pour constater notre condition humaine. La souffrance, la frustration, l'insatisfaction sont omniprésentes dans nos vies. Le stress et la détresse sont nos quotidiens. Nous avons le sentiment d'être des individus brisés, vivant dans un monde fracturé.

Devant cet état de choses, différents individus réagissent de façon différente. Certains considèrent cette situation comme normale et la vivent comme ils peuvent. Ils se cachent et se refugient dans les distractions, dans les amusements, dans les occupations, fermant les yeux sur la réalité de leur condition. Notre civilisation moderne a inventé mille distractions et *amuse-esprits* pour nous éloigner de nos vrais questionnements et réflexions. Mais certains autres réfléchissent et se posent des questions pertinentes et cherchent des réponses. Par exemple : Quel est le sens de la vie ? Qui suis-je ? Pourquoi la souffrance ? Pourquoi la violence ? Une vie différente est-elle possible ? Pourquoi la frustration et l'insatisfaction malgré l'opulence et l'abondance ?

P: *Permettez-moi de vous dire qu'une grande majorité de gens ne se posent jamais aucune question. Au moins les gens que je connais !*

R: Tout le monde se pose des questions au tournant de sa vie, mais tout le monde n'a pas le courage de chercher les réponses à ses questions. Ces questions restent latentes, ces questions restent en suspension ! La spiritualité n'est pas, ni n'a jamais été, une préoccupation pour la grande majorité des gens. Ils sont plutôt préoccupés par des choses d'ordre matériel, préoccupés par leur *survie*.

Mais parfois, les déceptions et désillusions nous frappent en pleine figure. Le château de carte de notre vie habituelle s'écroule. Nous voyons l'absurdité de notre façon de vivre et de courir. C'est l'absurdité de la philosophie du *toujours plus* et du *jamais assez*.

Cette prise de conscience nous pousse à réfléchir et nous ne pouvons plus éviter la confrontation avec nos questions essentielles. Nous cherchons à comprendre, comprendre nos conditions, à saisir nos vérités, une vérité qui change et transformerait notre existence.

Mais où pouvons-nous aller chercher les réponses ?

Bien sûr, nous regardons toujours vers l'extérieur, vers les soi-disant experts, parce qu'on nous a appris à toujours *regarder vers l'extérieur* pour trouver les réponses à toutes nos questions. Des experts, des maîtres et savants en tout genre prétendent savoir les réponses à toutes nos questions.

Mais malheureusement, nous constatons bien vite que tous ces savants et leur savoir nous amènent nulle part, encombrent encore plus notre esprit, créent encore plus de confusions, et ne produisent ni changement, ni transformation.

C'est alors qu'un enseignement spirituel peut servir de guide, et peut fournir les outils de recherche et d'exploration au fond de soi car les réponses à nos questions essentielles ne se trouvent pas à l'extérieur, mais au fond de notre esprit.

Avons-nous appris à regarder, à voir, à écouter, à entendre au fond de soi ? Avons-nous appris à explorer notre intériorité ? Écouter au fond de soi peut seulement nous faire entendre le murmure de notre sagesse !

C'est dans cette optique que je vous propose d'étudier ensemble les principes spirituels de Satranga et leurs enjeux ; de découvrir les possibilités inhérentes de notre esprit pour pouvoir nous diriger aussi intelligemment que possible dans ce monde difficile, dit moderne et apparemment fou, pour que la vie soit vraiment une vie bien vécue.

P: *Au contraire de la question précédente, je constate que de plus en plus de gens se posent de plus en plus de questions, et se compliquent la vie au lieu de vivre leur vie simplement. J'ai l'impression que la spiritualité est devenue une tendance, une mode ! Tout le monde cherche à devenir spirituel en ce moment !*

R: Se poser des questions, fait partie de notre nature, de notre humanité. L'homme a toujours posé des questions et en a cherché les réponses. Dans un passé pas si lointain, beaucoup d'hommes et de femmes se sont aventurés aux coins les plus reculés de la Terre à la recherche de réponses à leurs questions. D'autres se sont adonnés aux prières et à la méditation dans les monastères et les ashrams. D'autres encore ont tenté de rechercher dans la pénombre de leur esprit rationnel, dans les philosophies et dans les sciences.

Tout au long de l'histoire, l'homme a éprouvé le besoin d'instruction pour pouvoir progresser au-delà des réalités apparentes et des illusions partagées par la conscience collective de l'humanité. Progresser vers une réalité plus profonde et subtile, son potentiel spirituel, est une aspiration constante de l'homme.

LA SPIRITUALITE EST UN CHOIX

P: *Croyez-vous que la spiritualité soit incontournable et nécessaire pour chacun de nous ?*

R: Non, la spiritualité n'est pas une nécessité. La spiritualité est un choix. Un choix personnel. Un choix bien réfléchi….

Une grande majorité des personnes évite toute question, tout questionnement et vit parfaitement bien. D'autres sont attirées par la quête spirituelle et cherchent à sonder le mystère de la vie et de l'existence, et vivent très bien aussi. La spiritualité est une question d'intérêt personnel ; c'est l'amour de la vérité, c'est une passion, une attirance. Certains ont cette attirance, d'autres ne l'ont pas ; personne ne peut forcer ou imposer cet amour à l'autre. Cet amour de la vérité…vous l'avez, ou vous ne l'avez pas, et si vous ne l'avez pas aujourd'hui, peut-être qu'un jour vous l'aurez…

P: *Moi, je suis une personne ordinaire. Pourquoi dois-je être attiré par la spiritualité ?*

R: Peut-être vous n'êtes pas satisfait de votre vie et vous cherchez pourquoi.

Peut-être vous voulez vivre une vie authentique et vous avez horreur d'être comme tout le monde, horreur d'être *normal* !

Peut-être que vous vivez une *grande vie*. Jouissez-vous et réjouissez-vous pleinement de votre vie et de tout ce qu'elle a à vous offrir. Néanmoins, dans un coin de votre esprit, vous sentez que tout cela est pâle, terne, sans éclat vrai. Vous soupçonnez qu'il y a quelque chose d'autre, quelque chose *de plus grand* que cela.

Peut-être vous êtes curieux. Une sorte de curiosité, une pulsion d'aller au-delà des simples apparences, une attirance vers l'inconnu, vers le mystère, vous animent. Votre cœur se languit pour quelque chose ! Pour un Je ne sais quoi !

P: *Qu'est-ce qu'un homme ou une femme spirituel peut avoir de plus qu'un homme ou une femme qui n'est pas spirituel ?*

R: La spiritualité étudie et explore les réalités universelles, qui ont des implications dans la vie de chaque être humain, qu'il soit spirituel ou non. Il y a des lois et des principes spirituels qui opèrent sans notre consentement conscient. Connaître et devenir conscient de ces principes relatifs au potentiel et au pouvoir de l'esprit humain ouvrent les portes de la résilience, de la paix, de la créativité et de la joie, bien au-delà de tout que nous pouvons imaginer.

P: *Ma question est beaucoup plus terre à terre : pourquoi quelqu'un s'engage dans un enseignement spirituel ? Qu'est-ce que cela peut lui apporter pratiquement ?*

R: Je vous ai déjà dit que la spiritualité n'est pas une nécessité, c'est un choix. La spiritualité n'est pas une corvée que vous devez faire pour une raison ou pour une autre. Elle est sa propre raison d'être. **La spiritualité n'est pas un moyen pour une fin.** Nous ne nous engageons pas sur le chemin spirituel pour obtenir ceci ou cela. La spiritualité n'a pas de but, ou plutôt, je pourrais dire que la spiritualité est son propre but.

La spiritualité s'adresse à tous ceux et celles qui cherchent à découvrir la *dimension sacrée de la vie,* à tous ceux pour qui survivre même luxueusement ne représente pas le summum de la vie humaine, à tous ceux pour qui faire le bien et éviter le mal ne suffit pas, à tous ceux qui ne peuvent suivre sans réflexion les règles et les préceptes communs inventés et proclamés par les autres.

La spiritualité s'adresse à toute personne pour qui son évolution est intimement liée à une expérience personnelle, vivante, actuelle et directe d'unité et d'infinitude, une expérience personnelle qui lui donne le goût de la liberté et de la vérité.

P: *Mes choix sont souvent, sinon toujours les choix de raison !*

R: Oui, mais la spiritualité n'est pas un choix de raison, c'est un choix du cœur !

La spiritualité est un élan du cœur. La spiritualité est une histoire d'Amour. La spiritualité est l'amour de la vérité pour la vérité. Il n'y a pas d'autre raison.

Nous avons toujours appris que tout acte doit avoir un but. Que toute chose doit avoir une raison, y compris la spiritualité. Cette raison est souvent matérielle. Faire quelque chose sans raison n'est pas raisonnable, n'est-ce pas !

P: *Donc, pour vous la spiritualité est plutôt impersonnelle?*

R: Que voulez vous dire par impersonnelle ?

P: *Impersonnelle dans le sens que la spiritualité est sans enjeux pour Moi en tant que personne !*

R: Comment la spiritualité peut-elle être impersonnelle ? Toute votre vie et votre expérience personnelle sont directement engagées dans cette aventure. Bien sûr, à un certain niveau d'évolution, la spiritualité dépasse la personne, elle transcende la personne ! Mais c'est toujours une personne qui vit la spiritualité : Vous !

P: *Certaines démarches spirituelles sont plus personnelles qu'impersonnelles, et vice versa.*

R: Satranga est un enseignement multidimensionnel. Il intègre les dimensions personnelles de notre humanité et les dimensions impersonnelles de notre spiritualité. Satranga ne néglige ni les dimensions temporelles ni les dimensions intemporelles, ni ce qui est important, ni ce qui est essentiel !

La spiritualité est différente du nombrilisme. Ce n'est pas le narcissisme. La spiritualité ne tourne pas seulement autour de Moi, Moi, Moi. Bien sûr, tout voyage spirituel commence dans le domaine personnel, dans l'exploration individuelle. Nous travaillons nos souffrances, nos désirs, nos pensées, nos croyances. Nous explorons nos conflits et nos contradictions intérieures.

Mais à un moment donné de notre parcours spirituel, nous entrons dans un autre domaine, un domaine de l'impersonnel. Toutes les questions relatives à Moi, Moi, Moi deviennent secondaires. Nous sommes pris dans une autre dynamique qui transcende le personnel. Nous sommes projetés dans des territoires inexplorés de notre esprit.

C'est le territoire de l'émerveillement et de l'ivresse ! C'est le pays des poètes et des mystiques, c'est le royaume des artistes et des musiciens. C'est le domaine des explorateurs et des aventuriers.

Bienvenue chez vous !

P: *Oui, mais c'est seulement votre vision de la spiritualité ! Il peut y avoir d'autres spiritualités plus pratiques !*

R: Je vous ai conviés ici pour exposer ma vision de la spiritualité et les principes spirituels de l'enseignement Satranga. D'autres écoles et enseignements ont leurs propres idées et principes. C'est à vous d'étudier, de peser les différentes approches.

P: *La spiritualité doit être pratique ou ne sert à rien !*

R: Vous voulez réduire la spiritualité au niveau du matérialisme et moi, je tente de remonter le matérialisme au niveau spirituel.

C'est vrai que de nos jours la spiritualité est devenue un moyen de gratification personnelle en tout genre. Tout doit avoir une utilité ! La question est toujours : *Qu'est-ce que cela pourrait m'apporter* ?

La spiritualité est devenue une complaisance narcissique, un moyen pour réaliser ses désirs ! On médite pour être plus efficace, pour être plus cool, pour sentir ceci ou pour ne pas sentir cela. On pratique la pleine conscience pour être plus inventif et performant. C'est ce que vous appelez la *spiritualité pratique*, n'est-ce pas ? Et nous pourrions l'appeler la *Pop spiritualité*, ou le *matérialisme spirituel*. La spiritualité au service de l'ego !

P: *Vous professez la spiritualité pour la spiritualité et moi je cherche une spiritualité pour mieux vivre !*

R: Oui, la spiritualité **est** pour mieux vivre, mais mieux vivre selon qui ? Mieux vivre selon vos désirs ? Selon votre ego ? Selon vos idées de mieux vivre ?

Une spiritualité authentique n'est pas au service des désirs de l'ego. La spiritualité n'est pas un moyen pour acquérir des succès, pour mieux gérer votre vie, pour avoir ceci ou cela. Pour tout cela, vous n'avez pas besoin de la spiritualité. Quelques séances de coaching vous suffiront !

Tout n'est pas utile dans la vie ! On n'aime pas quelqu'un parce que c'est utile. On ne se pose pas la question : *Qu'est-ce qu'aimer va m'apporter ?* On aime parce que l'on aime ! Tout comme on écoute de la musique parce qu'on aime la musique. Découvrir la vérité pour la vérité, et s'en émerveiller, est la seule raison de la démarche spirituelle. Il n'y a pas d'autre raison.

La spiritualité est comme la vie. La vie n'a pas d'autre but que la vie. Vous vivez la spiritualité comme vous vivez votre vie !

J'aimerais connaître le mystère de la vie, j'aimerais me connaître, connaître l'autre, connaître le monde. J'aimerais savoir directement, d'une manière vivante, ma nature essentielle, mon chemin de vie.

Lorsque nous aimons quelque chose ou quelqu'un, nous voulons tout savoir, tout connaître sur cette chose ou sur cette personne. Nous voulons découvrir passionnément tout ce que nous pouvons découvrir, sans jamais que cela nous lasse. Sans se poser la question : Qu'est-ce que cela va m'apporter ? Et combien ça va me coûter ?

La spiritualité est un acte d'amour. Sans l'amour, la spiritualité se réduit à la psycho-bricolage. La spiritualité est une fougue. Notre fougue peut devenir si intense, notre amour et l'intérêt de la vérité si absolus, que l'idée même de résultat et de récompense paraît ridicule, s'efface, et laisse un sens de simplicité et de liberté. Ceux qui vivent cet amour savent que pénétrer, découvrir, connaître ce mystère leur fait voir des dimensions de plus en plus profondes de leur existence. C'est leur seule récompense, mais quelle récompense !

La spiritualité est l'expression de *l'instinct de vérité*. La spiritualité n'est pas l'amour tiède. La spiritualité est un amour passionnant, puissant, extatique, dévorant. Vous êtes emporté par sa force, par son zest. Vous sentez que tout votre être brûle comme une flamme pour la vérité.

L'INSTINCT DE VERITÉ

P: *Vous avez évoqué l'instinct de vérité. Je n'ai jamais entendu parler de cet instinct. Pouvez-vous l'aborder davantage ?*

R: Pourquoi vous êtes ici, aujourd'hui ? Vous êtes ici parce que vous avez voulu être ici. Parce que quelque chose vous a attiré ici, parce que vous êtes curieux, parce que vous vouliez savoir. C'est votre instinct de vérité qui vous a poussé à venir ici, vous a amené ici.

Nous avons une multitude d'instincts, Nos instincts font partie de notre nature, de notre héritage biologique. Nos instincts nous protègent, nous préservent et préservent notre espèce. L'instinct de protection, l'instinct de survie, l'instant maternel, l'instinct sexuel, l'instinct social d'appartenir à un groupe…sont nos instincts primaires bien connus et bien étudiés par la science, par la psychologie ou la sociologie…

Mais il est un instinct peu connu, que j'appelle *l'instinct de vérité*. **Chacun d'entre nous cherche toujours à connaître la vérité.** Même si nous voulons cacher la vérité aux autres, ou même mentir, nous, nous voulons toujours connaître la vérité. C'est cet *instinct de vérité,* qui nous pousse à la recherche, à l'aventure, à l'exploration aussi bien scientifique, philosophique que spirituelle.

Cet instinct de vérité est parfois ensommeillé chez certaines personnes, et même probablement chez la plupart d'entre nous…Et une rencontre, une lecture, une idée suffit parfois pour le réveiller !

Réveiller notre instinct de vérité est une des fonctions d'un enseignement spirituel et d'un enseignant spirituel.

P: *Et c'est cela que vous faites ici ?*

R: Oui, exactement !

P: *Malgré le mode ambiant, je ne me suis jamais intéressé à la spiritualité. Je n'en vois ni l'utilité ni le lien direct avec ma vie, avec ma situation. Peut-être mon instinct de vérité n'est pas éveillé !*

R: Si vous êtes satisfait de votre vie dans un système ou un autre, je vous en félicite. Ne perdez pas votre temps. Vivez votre vie. Profitez-en. Elle est trop précieuse, mais aussi très courte, vivez-la donc pleine et profonde.

Ne cherchez pas à vous convaincre de quoi que ce soit. Ne vous forcez pas à être spirituel comme tout le monde. Ici personne ne va vous blâmer ni vous reprocher de ne pas être spirituel !

Un enseignement spirituel n'est pas une question de mode. Un enseignement spirituel n'est pas une nécessité. Un enseignement spirituel s'adresse plutôt aux personnes en quête de quelque chose qui dépasse la logique, qui dépasse la raison, qui dépasse l'utile.

P: *Pourquoi ne pas associer l'utile à l'agréable ?*

R: Il y a des hommes et des femmes qui se passionnent pour différentes choses dans leur vie, par exemple le football, les voitures, l'art, la photo, le cinéma. Ils se donnent pleinement à leur passion. Ils ne se posent jamais la question : *qu'est-ce que le football peut m'apporter ? Ou qu'est-ce que la photo peut m'apporter ?* Ils sont passionnés tout simplement. Est-ce que le football est utile ? Est-ce que l'opéra est utile ? Pourquoi la spiritualité doit être nécessairement utile ? Pourquoi les passionnés de la spiritualité doivent justifier leur passion ? Oui, nous somme passionnés de la vérité pour la vérité, c'est tout !

Notre passion est le carburant de notre recherche. Nos réalisations spirituelles sont les étincelles de la flamme de notre amour passionné de la vérité. Cette passion est notre guide sur notre chemin de la sagesse....

Nous, les inspirants spirituels, nous cherchons des réponses, nous cherchons à comprendre, comprendre le mystère de la vie et de l'existence, le mystère de l'amour et de la beauté, le mystère de l'Ame et de la conscience, le mystère de Dieu et de l'univers, le mystère de l'homme et du monde.

Léonard de Vinci disait : *Le plaisir le plus noble est la joie de comprendre.* Est-ce que la spiritualité est une passion pour vous ? Est que tout votre organisme est animé par l'amour de la vérité ?

Peut-être que oui, peut-être que non. Si c'est *oui*, bienvenue à bord. Si la réponse est *non*, bienvenue à bord quand même ! Peut-être avec le temps vous découvrirez que comme tout le monde, vous cherchez la même chose....Votre vérité.....Vous-même!

P: *La spiritualité est synonyme d'une vie apaisée, une vie de bien-être, vous ne pouvez pas nier cela !*

R: Bien sûr, les découvertes et les réalisations spirituelles affectent et affecteront toute notre existence. Être sur le chemin de la spiritualité apporte grande richesse et joie de vivre, une paix intérieure, une profonde et solide connexion avec vos vrais sentiments et besoins, un vrai sentiment de sécurité et de confiance.

La clarté spirituelle permet aussi une profonde connexion avec les autres pour pouvoir vivre des relations authentiques et intimes. Mais nous ne nous engageons pas dans une démarche spirituelle pour avoir tout ça : ce sont en quelque sorte des *bénéfices collatéraux* d'une démarche spirituelle.

P: *C'est peut-être notre motivation de nous y engager, c'est peut-être la raison de notre choix. Pourquoi pas ?*

R: Un peintre peint parce qu'il est passionné de peinture tout simplement. Il ne peut pas ne pas peindre. Il est artiste. Peindre est sa vie, sa passion, son amour. Une fois peints, il peut vendre ses tableaux, gagner l'argent et devenir même riche et célèbre.

Maintenant, imaginez quelqu'un qui décide de peindre avec une motivation de devenir riche et célèbre. Et il peint en pensant combien il va gagner en vendant ses tableaux. L'appelleriez-vous un artiste ?

Il y a deux motivations d'approcher la spiritualité. Soit, vous êtes poussé par votre ego, soit vous êtes motivé par la dynamique de votre esprit. L'ego utilise la spiritualité pour satisfaire ses désirs, d'avoir ceci ou cela, de devenir comme ci ou comme ça. J'appelle cela la *spiritualité narcissique*, la spiritualité au service de l'*ego*.

La spiritualité n'est pas un désir. La vraie spiritualité est un mouvement de l'esprit, un mouvement de l'instinct de vérité. L'esprit dans son dynamisme veut rétablir l'état naturel des choses, veut rétablir l'ordre et vous pousse vers la spiritualité. C'est un mouvement pour retrouver votre chemin, votre vie. Vous ne décidez pas de vous engager dans la spiritualité, vous ne pouvez que suivre le mouvement de votre esprit.

P: *La spiritualité n'est pas un désir. La vraie spiritualité est un mouvement de l'esprit, Je ne comprends pas tout à fait.*

R: Ce que vous languissez, languit pour vous. La nature de notre corps aussi bien que de notre esprit est la sagesse. Par la sagesse, nous œuvrons pour chercher et retrouver l'équilibre et l'état optimal, l'état naturel.

Quand votre corps sent que votre équilibre vital est en baisse, il provoque la faim, pour que vous cherchiez à manger et ainsi rétablir l'équilibre optimal. C'est la même chose pour la soif, le sommeil…, ces impulsions ne sont pas des désirs mais des mouvements de notre corps pour agir afin de rétablir son fonctionnement optimal.

De la même façon l'esprit aussi veut rétablir l'équilibre optimal de son fonctionnement. Quand l'esprit s'aperçoit que vous n'êtes plus dans votre nature essentielle, que vous n'êtes pas au plein potentiel, que vous n'êtes pas sur votre chemin unique de vie, que votre expérience de vie tourne au vinaigre, que vos actions sont nocives et contre productives, il déclenche le mouvement. Votre esprit vous incite à aller vers la spiritualité.

La spiritualité est vraiment une soif, un soif de l'esprit ! Ce n'est pas vous qui faites de la spiritualité, c'est l'esprit lui-même qui vous pousse vers la spiritualité ! C'est l'instinct de vérité qui vous inspire pour aller vers la spiritualité !

P: *Donc, nous n'avons pas de choix ?*

R: Si, vous avez toujours le choix. Le choix d'écouter et d'entendre l'appel de votre esprit et de suivre son mouvement vers une vie de plénitude, de liberté et d'émancipation ou comme la plupart des gens, d'ignorer l'appel et continuer de vivre sous le dictat et l'emprise de l'ego, de ses idéaux, de ses désirs, et de vivre sous l'emprise de vos pensées conditionnées, sous l'influence des croyances ambiantes.

Vous pouvez vous dire : à quoi cela sert-il de perdre mon temps à faire des choses qui ne m'apporteront rien de tangible ? À quoi cela sert-il de poser des questions stupides comme : qui suis-je ? Quel est ma nature essentielle ? Il vaut mieux que je m'emploie à m'améliorer, à augmenter mon efficacité, ma communicabilité, ma combativité, à soigner mon look, à renforcer ma visibilité et mes performances. Il faut que j'assure. Il faut que je reste au top…

Mais également, vous pouvez penser que la chose la plus importante de votre vie est de découvrir votre *vraie nature*, de réaliser et d'accomplir votre vie en tant qu'être humain authentique, et de ne pas vivre comme un automate *socio-culturo-technico-industrialo-commercial*.

P: *C'est un choix difficile si l'on considère l'époque dans laquelle nous vivons et la complexité de notre société bruyante et agitée !*

R: Oui, c'est paradoxal, en effet. Il est de plus en plus difficile de faire un travail spirituel, et le travail spirituel devient de plus en plus nécessaire à notre époque.

POSER LES BONNES QUESTIONS

P: *Quel est le premier pas sur le chemin spirituel ?*

R: Le premier pas sur le chemin spirituel est *l'intention*.

L'intention de se prendre en main, ce n'est qu'un simple choix, mais ce choix découle de la certitude de la nature divine de l'homme, la certitude que l'homme que nous sommes est beaucoup plus que ce que nous vivons, beaucoup plus que ce que nous croyons être, et que la médiocrité, la souffrance, le mécontentement et la frustration ne sont pas des fatalités. Et qu'une vie de plénitude, de félicité, de bonheur, de sérénité et de créativité est toujours possible !

Une démarche spirituelle commence par une réflexion profonde et les bonnes questions qu'on se pose. Alors, posez-vous ces questions sérieusement : Voudrais-je perdre ma vie dans les dépressions, dans la souffrance, dans les luttes incessantes ?

Voudrais-je passer ma vie à me plaindre inlassablement que le monde ne se consacre pas assez à mon bonheur personnel ?

Suis-je prêt à prendre ma vie en main ? Suis-je prêt à vivre une vie pleine et juteuse ?

Réfléchissez, et posez-vous des questions simples comme : Est-ce que je suis satisfait de ma vie ? Qu'est-ce qui me manque ? Qu'est-ce que je veux ? Je cherche quoi réellement ? Où je veux aller ? Quelle est ma destination ?

Votre présence ici laisse penser que vous vous intéressez aux choses de l'esprit. Alors réfléchissez : À une époque en perpétuel changement, en perpétuel changement politique, social, économique et écologique quel style de vie souhaiteriez-vous adopter ? Quel choix et quelle direction voudriez-vous prendre ? Quelle est votre vision de la vie ? Et quel enseignement pourrait répondre à cette vision ?

Voyez alors ce qui vous fait vibrer. Sentez ce qu'est l'urgence pour vous ; interrogez-vous ! Demandez-vous quelle est la chose la plus importante dans votre vie, et quelle vie vous conviendrait. A partir de cette réflexion, le choix juste se manifeste, s'impose, et s'opére.

P: *Et quelles sont les mauvaises questions que nous ne devons pas nous poser ?*

R: Les questions comme : Pourquoi s'intéresser à la spiritualité ? Qu'est-ce que la spiritualité peut m'apporter ? Comment Satranga peut être efficace pour moi ? Quelle est la finalité d'une démarche spirituelle ? Ce sont de mauvaises questions !

P: *Je ne crois pas que ce sont les mauvaises questions, ce sont les questions légitimes, savoir ce qu'un enseignement peut m'apporter et où il nous emmène !*

R: C'est comme aller à l'arrêt d'autobus et poser la question devant chaque bus : Où va ce bus ? Par où passe-t-il ? Est-il confortable ? Ce seraient de mauvaises questions. La bonne question serait : Où je veux aller ?

La bonne question serait : Qu'est-ce que je cherche? Qu'est-ce que je veux ?

P: *Excusez-moi, je ne comprends pas quelque chose. Chaque enseignement a une finalité, un aboutissement, une destination. Savoir quel est l'aboutissement d'une démarche spirituelle est important, n'est-ce pas ?*

R: Satranga insiste sur le fait qu'il n'y a aucune finalité, aucun état ou accomplissement spirituel ultime à atteindre. La spiritualité est un mouvement sans fin, sans but final, sans destination. Chaque étape est le prélude à une autre. Chaque réalisation conduit à une autre. La spiritualité est un voyage continu, d'étape en étape, du personnel à l'impersonnel, un voyage dans l'insondable et infini mystère de l'existence, de la vie et de la création.

P: *Qui dit voyage, dit destination, non ?*

R: Ce n'est pas un voyage sur un territoire connu. C'est un voyage dans notre esprit, qui est aussi vaste que l'Univers, un voyage vers les planètes et les galaxies inconnues, dans les sphères vierges, jamais explorées !

Il n'y a aucune réalisation ultime, aucun état final à atteindre. Il n'y a aucune finalité. La spiritualité n'a pas de destination. Vous avez la destination, ou, je dirais plutôt, vous avez la liberté de choisir la destination. Mais aucune destination atteinte n'est finale…

P: *Vous dites que la spiritualité n'a aucune destination, alors pourquoi certaines personnes se proclament* **réalisées**. *Qu'est-ce que cela veut dire ? Sont-elles arrivées à une quelconque destination ?*

R: Dans les milieux spirituels, il y a un grand nombre d'idées populaires communément admises qui circulent. Elles trouvent une adhésion relativement large. La *réalisation ultime* est une de ces idées. C'est la croyance qu'il y aurait un état, une réalisation finale et, une fois ceci atteint, notre *voyage spirituel* prendrait fin, nous serions arrivés. Une femme ou un homme réalisé serait alors celle ou celui qui aurait atteint cet état.

P: *Et vous n'êtes pas d'accord avec cette idée ?*

R: Non, bien sûr. Satranga ne reconnaît aucun *état ultime* de réalisation. Satranga ne reconnaît pas la finalité du voyage spirituel. C'est l'une de nos particularités. Chaque réalisation est le prélude à une autre réalisation, et ce, jusqu'à l'infini. Les mystères de l'Être essentiel sont infinis, ses réalisations sont infinies aussi. Sur le *chemin spirituel*, chacun est plus ou moins réalisé et en voie de réalisation !

P: *L'idée de réalisation finale existe dans de nombreuses traditions ! Ont-ils tort ?*

R : Ce n'est pas une question de tort ou de raison. Certains enseignements avancent l'idée d'une réalisation finale. C'est leur logique, c'est leur vision. Mais ce n'est pas la vision de Satranga.

La spiritualité n'a aucune destination, c'est une aventure sans fin, sans finalité mais certaines personnes, ou certains enseignements peuvent choisir leur destination, ils travaillent pour arriver à leur destination, parfois ils croient arriver à leur destination et se proclame Réalisé.

P: *Et vous, est-ce que vous êtes un peu réalisé, beaucoup réalisé ou carrément réalisé ?*

R: Je suis toujours passionné de voyages et de découvertes. Quand je serai fatigué de voyage spirituel, comme tous les autres soi-disant réalisés je me déclarerai aussi : Réalisé !

J'espère, jamais.

P: *L'idée de réalisation finale me plaît bien !*

R: Permettez-moi de vous dire, sans vouloir vous blesser, que l'idée de la *réalisation finale* est souvent une ruse de l'ego ! L'idée d'une *réalisation finale* est une tentative de résumer la démarche spirituelle, et d'y permettre un point final. *Voilà, j'y suis arrivé, je suis réalisé. A partir de là, je suis libre de faire ce que je veux !* Ce n'est pas comme cela que ça se passe !

Le problème, c'est que vous avez lu trop de livres, et vous avez croisé beaucoup d'enseignements avec leur destination particulière : l'illumination, le nirvana, l'ânanda, le satori.... Ces destinations, comme dans les catalogues des voyagistes, vous incitent à rêver et vous font oublier vos propres élans et vos propres destinations, votre propre chemin, votre propre direction.

Satranga ne propose aucune destination, ni aucun chemin, voie ou itinéraire, car Satranga considère que votre destination aussi bien que votre itinéraire spirituel est unique que vous découvrirez au fur et à mesure que vous avancez et c'est cela jusqu'à votre dernier souffle.

P: *Sans une destination comment peut-on choisir la direction ?*

R: La spiritualité est un voyage de réalisations. Il n'y a pas de fin à la réalisation spirituelle. Ce voyage infini commence toujours par le premier pas, de là où vous êtes ! Et de là où vous êtes, le pas suivant émerge, la direction juste se révèle.

Personne ne peut vous imposer ni direction, ni chemin ni destination. Ne permettez à personne de choisir à votre place. Ne permettez à personne de créer votre destin. Vous devez suivre votre cœur, suivre ce qui vous semble juste.

Alors prenez un instant et réfléchissez quelle est votre destination à vous ?

Que voulez-vous ?

Que cherchez-vous ?

P: *Est-ce que vous nous posez ces questions maintenant ?*

R: Oui, oui. Tout simplement que cherchez-vous ?

Que cherchez-vous dans la spiritualité ?

Que cherchez-vous dans votre vie ?

EXTRAORDINAIREMENT ORDINAIRE

P: *Moi, je ne sais pas si je cherche quelque chose en particulier. La spiritualité me fait vibrer ! C'est l'espoir de vivre une vie…* **extraordinaire** *! Je désire être le meilleur, ou en tout cas être impeccable, et offrir aux autres le meilleur de moi-même !*

R: Je n'ai jamais rencontré d'homme ou de femme ordinaire. Je rencontre par contre des gens extraordinaires, qui ne savent pas qu'ils le sont, et qui vivent une vie souvent triste et sans réelle grâce. Dites-moi ce que signifie pour vous *être ordinaire* ?

P: *Pour moi être ordinaire signifie être ennuyeux, pas intéressant !*

R: Oui, pour nombre de personnes, être ordinaire est synonyme d'être ennuyeux. Elles ont peur de n'être intéressantes pour personne, si elles étaient *ordinaires*. Elles veulent se sentir importantes, sentir qu'elles sont différentes, qu'elles ont une certaine valeur, et elles ont de valeur si seulement les autres les trouvent intéressantes…

Or, votre valeur et votre importance ne dépend pas du regard des autres. Votre valeur est inhérente à votre nature essentielle.

Vous sentez-vous important ? Avez-vous besoin que l'autre vous assure que vous êtes important ? Pensez-vous devoir faire des choses importantes pour l'être ?

Vous êtes une personne importante, non pas parce que vous avez des capacités extraordinaires, ni parce que vous accomplissez des choses grandioses, ni même parce que l'on vous considère important. Vous êtes important par votre nature, vous êtes précieux grâce à votre propre valeur.

P: *Mais moi je ne crois pas être important ou avoir une quelconque valeur ?*

R: Oui, et pourquoi ?

P: *Parce que, je n'ai rien accompli qui soit important !*

R:, C'est ça, dans notre culture, la valeur personnelle est reçue ou créée par le monde extérieur, tels les accomplissements, l'héritage, le talent, la connaissance, l'apparence, le travail… Nous croyons que nous devons acquérir de la valeur. Mais la valeur n'est pas une acquisition, la valeur est inhérente car nous sommes précieux par nature. La spiritualité ne va pas vous apporter de la valeur et de l'importance. La spiritualité va briser vos illusions, elle va vous révéler que vous êtes unique et important.

P: *C'est un peu le narcissisme, n'est-ce pas ? Se considérer important sans bouger un doigt !*

R: Non au contraire ! Le narcissisme c'est de voir sa valeur à travers le regard de l'autre. Si vous voulez **gagner** de la valeur en faisant des choses importantes, vous ne serez jamais au bout de vos efforts.

C'est seulement l'ego qui cherche à gagner de la valeur, car il n'a aucun sens de sa valeur et son importance. L'ego est fondé sur le sentiment de n'avoir aucune valeur, de vouloir chercher de la valeur, de se prouver sa valeur, pour prouver à l'autre sa valeur.

La dynamique de l'ego est simple, cela commence par l'idée que *si l'autre me trouve de la valeur, j'ai de la valeur,* cela devient, *il faut que l'autre me trouve de la valeur*, cela devient *que dois-je faire pour que l'autre me trouve de la valeur.*

Bienvenue dans le monde de la séduction, des manipulations, et de la déception !

P: *Enfin, je ne comprends pas. Tout le monde n'a pas la même importance, la même valeur. C'est évident !*

R: Souvent, nous oublions la royauté de l'homme. La noblesse de l'homme n'est pas le résultat du pouvoir ou de la richesse, ni de la lignée du sang ou de l'héritage, mais de celui de l'incarnation de la sagesse et de l'intelligence, de la justice et de la bienveillance.

Celui qui connaît la réalité spirituelle, sait qu'il n'existe aucune autre royauté que celle de sa nature essentielle. C'est la plus haute noblesse. Plus l'homme est proche de sa nature intime, plus il est précieux, royal et noble.

La valeur inhérente est un aspect essentiel. C'est le sens de sa propre importance, de sa propre valeur. Et cette importance et cette valeur ne sont pas une importance narcissique. C'est une importance ordinaire. Être ordinaire, c'est être tels que nous sommes, confortablement installés avec nous-mêmes... Lorsque nous sommes bien dans notre peau, sans vouloir être autre chose ou quelqu'un d'autre, notre authenticité est alors appréciée par l'autre. Sans nullement vouloir rechercher cette appréciation de l'autre, elle surgit naturellement de notre bien-être.

CHERISSONS NOS UTOPIES !

P: *Le but de la spiritualité est et ne peut être que de vivre une vie meilleure ! C'est cela ma recherche, ma destination !*

R: Oui, sûrement. Et chacun a sa définition d'une vie meilleure ! Quelle est votre définition à vous ?

P: *Je dirais, vivre en harmonie ! Est-ce possible ?*

R: Vivre en harmonie, c'est la vie de félicité. Chacun de nous a la capacité de vivre en harmonie, et de vivre une vie de *félicité* !

ULTIME REPONSE

P: *A une vie de félicité, ne préfère-t-on pas une vie de facilité !*

R: Dans l'esprit des gens, une *bonne vie*, une vie meilleure c'est avoir une vie confortable, être heureux tout le temps, ou de ressentir une sorte d'extase continue. Il n'en est rien. Une bonne vie c'est être pleinement et complètement aligné avec sa *nature essentielle*, être en synchronisation avec son chemin de vie ; être *en flux* avec la vie. C'est cela la félicité !

L'univers ouvre ses portes si nous suivons notre félicité. Les directions se révèlent, les opportunités apparaissent, les relations se créent, les actions justes se déroulent, sans effort, sans stress, sans angoisse. Ainsi, *une vie de félicité devient aussi une vie de facilité.*

Satranga est une invitation à suivre cette félicité, pour retrouver notre lumière intérieure, pour éclairer notre chemin de vie, et pour pouvoir vivre notre vie comme une œuvre d'art.

P: *La vie comme une œuvre d'art ! C'est beau, mais n'est-ce pas qu'une image poétique, un rêve, une utopie dans un monde où il est de plus en plus difficile de vivre simplement !*

R: Se résigner au minimum est un signe d'ignorance de notre vérité, de notre potentiel illimité, de notre vraie nature !

Chérissons nos utopies !

Nos vies modernes manquent dramatiquement du sens du mystère, du sens du romanesque ! Nous prétendons aimer les belles choses et les belles histoires, mais nous n'intégrons pas cette beauté dans notre vie. Notre vie n'est plus en constante création, en mouvement perpétuel, mais elle est réduite en actions et en réactions à l'environnement, souvent ennuyeux et contraignant.

Refusons la petitesse, apprécions la vie à sa juste valeur, grandiose, sublime. Tant de personnes passent leur temps à s'éreinter pour de petites choses et se coupent totalement de *l'effet magique* de la vie. La banalité de son déroulement attend toujours de se transformer en une grande histoire. C'est cela, notre utopie !

La vie est un grand voyage, riche de ses promesses ! Elle nous amène là où nous devons aller. Elle est un étonnement permanent. Pouvons-nous nous laisser aller aux surprises qu'elle nous révèle, lui faire confiance, la vivre et voir ce qu'elle a à nous apprendre. Pouvons-nous apprécier, nous émerveiller, être enchanté de l'univers qui nous entoure.

Nous avons une *dette* envers la vie : celle d'exister. Et nous pouvons la *payer* en existant pleinement, à *vivre* intensément chaque moment. Vivre la vie pleinement pour ne pas découvrir sur le lit de notre mort que nous l'avons perdue !

N'est-ce qu'un rêve ?

Oui, peut-être, mais un rêve toujours réalisable. Il faut nous en assurer, si nous avons le courage de nous *réveiller* !

L'EVEIL ET LA CONNAISSANCE DE SOI

P : *Il me paraît que l'éveil est le but de tout enseignement spirituel. Moi, je cherche l'éveil, l'illumination !*

R : Vous cherchez l'éveil ! Mais qu'est que l'éveil ? Quel est votre compréhension de l'éveil ? Qui s'éveille ? Et éveil sur quoi ?

P: *Je ne sais pas !*

R : Vous ne savez pas ! Et vous cherchez quelque chose que vous ne savez pas !

Pourquoi quelqu'un va chercher l'éveil ?

Parce qu'il a entendu quelqu'un parler de l'éveil, ou qu'il a lu ce qu'est l'éveil, et il imagine toutes ces choses fantastiques qu'il peut avoir s'il était éveillé lui aussi.

L'éveil que vous cherchez n'est qu'un concept, qu'une idée...

P: *Si tout le monde parle de l'éveil, que c'est quelque chose de réel ?*

R : Le contraire de l'éveil est l'oubli ! Nous sommes de très beaux êtres spirituels, et notre réalité est très précieuse, riche et royale, mais nous avons oublié qui nous sommes, et ne connaissons pas le royaume dans lequel nous vivons. Nous vivons dans une forme de sommeil, vivant à travers des concepts, des structures et des systèmes de croyances qui ne nous permettent pas de percevoir qui nous sommes réellement.

L'éveil signifie reconnaître sa *vraie nature*. C'est la prise de conscience que nous sommes radicalement différents des expériences égotiques ordinaires. L'éveil est la simple conscience de sa *vraie nature*. La *nature essentielle* se réveille en se révélant que c'est ce *petit moi* qui cherche l'éveil et fait tout pour être au centre de tout, n'est qu'illusion.

C'est cela, l'illumination. En vous éveillant, vous devenez comme une lumière. Vous devenez une lumière pour vous-même. Vous vous rendez compte que votre nature est lumineuse et brillante, intelligente, et qu'elle est précieuse aussi !

P: *L'éveil signifie se connaître, reconnaître sa vraie nature. C'est la connaissance de soi. Peut-on dire que la connaissance de soi est le but de toute démarche spirituelle.*

R : Oui, la connaissance de Soi est le noyau central de tous les enseignements spirituels et philosophiques. La connaissance de Soi est l'Alpha et l'Omega de toute quête spirituelle….

La connaissance de Soi, c'est de connaître ce que nous sommes vraiment, comment nous fonctionnons. Comment notre expérience humaine est formée. Comment nous agissons, comment nous réagissons, qu'est-ce qui nous motive, qu'est-ce qui nous oriente.

La connaissance de Soi est un très vaste et inépuisable sujet. La connaissance de Soi est de connaître l'architecture de notre esprit, la conception de notre intériorité, le paysage de notre humanité, la substance de notre divinité. Elle nécessite toute une vie d'étude et de pratique passionnée pour découvrir ce qu'est le Soi, sans jamais arriver au bout.

La connaissance de soi n'est pas une connaissance que quelqu'un peut vous procurer, ou vous pouvez acquérir par lectures ou discours. La connaissance de soi est une connaissance innée qui fait surface. La connaissance de soi est une réalisation. En *étant* nous connaissons la vérité de ce que nous sommes. C'est une réalisation constante, car il n'ya pas de fin de connaissance de soi….

JOUER A CACHE-CACHE AVEC L'ABSOLU

P: *La spiritualité nous conduit à la libération. Ma recherche serait la liberté ?*

R: Ah, la liberté, liberté je chéris ton nom !

Mais…quelle liberté ? Libéré de quoi ?

Quand vous dites *liberté*, à quoi pensez-vous ?

P: *La liberté d'action et de décision ! La liberté de faire des choix ! Me libérer des conventions…*

R: Oui, la liberté est très importante. La liberté de parole, la liberté de vivre selon ses choix...Partout dans le monde des femmes et des hommes se battent depuis des siècles pour ces libertés. Des femmes et des hommes ont donné leur vie pour ces libertés. Cependant, même si elles sont évidemment importantes, ce sont des libertés sociales, culturelles ou politiques, mais extérieures à nous.

Il est une autre liberté, une liberté intérieure, une liberté avec laquelle vous êtes né et dans laquelle vous êtes toujours libre. C'est la liberté spirituelle... La liberté d'être ce que vous êtes, d'actualiser votre potentiel et votre vie, la liberté de vivre en alignement avec votre nature essentielle.

Pour arriver à cette liberté, vous auriez besoin d'abord de **reconnaître** que vous êtes confortablement installé dans une prison intérieure illusoire que vous avez fabriquée vous-même en parfaite coopération avec les autres.

Personne ne peut vous rendre la liberté, aucun enseignement ne peut vous libérer, parce que vous êtes déjà libre, libre de rester dans cette prison intérieure illusoire ou d'en sortir. La liberté n'est pas la destination, la liberté est le point de départ, un choix, une décision. Nous sommes toujours libres, libres de faire ce choix ou même libres de croire que nous n'avons pas ce choix !

Vous auriez besoin, peut-être de compagnons dans cette aventure de liberté. Vous auriez besoin de guides pour vous montrer les passages secrets de votre prison intérieure imaginaire. Vous auriez besoin de vous familiariser avec cette prison, avec chaque mur, chaque barreau de cette prison avant de la briser.

Un enseignement spirituel peut vous assister à mieux connaître cette prison imaginaire. C'est sa fonction ! Mais la décision vous appartient toujours d'en sortir ou pas !

P: *Quand je dis liberté, c'est liberté de toutes illusions. Le but de la spiritualité est de vivre sans illusion ?*

R: Oui, très juste, mais libre de quelle illusion ?

P: *Le monde, dit-on, est Maya, c'est-à-dire une illusion, un jeu n'est-ce pas?*

R: Vous avez lu trop de livres ! *Le monde est Maya*, illusion. Certes, mais croyez vous que si vous vous libérez du monde des illusions, le monde va disparaître en vous laissant seul au milieu de nulle part ?

Non, le monde est une *illusion réelle*. Une illusion si parfaite, si pleine de beauté et de mystère ! Le soleil, la lune, les rivières et les océans…Nous devons apprendre à apprécier cette illusion du monde au lieu de la mépriser !

Vous pouvez réaliser ce qui est au-delà de l'illusion seulement à travers l'illusion, et non en la méprisant !

Nous oublions si souvent et si facilement la beauté et le mystère de ce monde. La beauté et le mystère des choses simples. La pluie sur nos fenêtres, la verdure et la délicatesse d'une feuille, le rire joyeux d'un enfant, la fraîcheur vivifiante d'un matin du printemps… Les gens qui ont une vie paisible apprécient justement ces choses. Mais, pour la plupart d'entre nous, ces moments sont souvent engloutis dans l'ombre de nos combats pour réussir, pour être reconnus, pour atteindre l'élévation spirituelle imaginaire…

Une de nos plus grandes illusions, c'est de croire que tout est illusion sauf **moi**, c'est de croire que nous sommes au-delà des illusions. Un grand nombre des enseignements spirituels traditionnels véhiculent cette idée que **nous** ne faisons pas partie de ce jeu des illusions ; tout est illusion sauf **nous** !

Oui, la vie est une illusion et **nous** faisons partie de cette illusion. La vie est un jeu, un jeu sacré, et vivre consiste à participer pleinement à ce jeu. La spiritualité, c'est jouer à colin-maillard avec le divan, jouer à cache-cache avec l'absolu. Les jeux d'ombre et de lumière, les jeux d'amour et de beauté font partie de la spiritualité.

DUALITE ET NON-DUALITE

P : *Pour moi, la spiritualité, c'est se libérer de toutes illusions et de vivre la vérité, rechercher la vérité, l'amour de la vérité !*

R: La liberté est de se libérer de nos illusions intérieures, nos pensées, de nos croyances, de nos idéaux, nos conclusions, nos jugements. La liberté c'est de ne pas prendre nos idées pour la réalité. C'est de ne pas être otages de nos fixations, de nos structures, de nos passés.

Le monde n'est pas maya, notre vision du monde est maya. Nos interprétations sont mayas. Nos conclusions sont les illusions. Prendre nos idées, nos pensées pour vérité est illusion.

P: *La spiritualité, depuis toujours, consiste à chercher l'ultime vérité ?*

R: Ultime vérité c'est qu'il n'y a pas d'ultime vérité ! Chercher la vérité est encore une de ces illusions. C'est un des grands classiques de notre ego. Chercher la vérité, c'est une ruse de notre ego. Comme la vérité existerait quelque part ailleurs. Peut-être vous avez besoin de vos lunettes pour la chercher ? Vous ne pouvez pas chercher la vérité, parce que vous êtes vérité !

La vérité est que c'est seulement l'ego qui peut chercher la vérité. Le sage sait que Tout est vérité y compris l'illusion !

P: *Je ne comprends pas ce que vous voulez dire ? Vous-même, vous nous parlez de la vérité sans cesse depuis ce matin !*

R: Oui, je vous parle de la vérité, de l'amour de la vérité, mais je ne vous parle pas de chercher la vérité !

Jésus disait : la vérité va vous libérer ! Je dis la même chose avec une nuance : la vérité va libérer la vérité. C'est-à-dire, la vérité de ce qui est maintenait va libérer une vérité plus profonde, qui va libérer la vérité encore plus profonde....C'est cela la voie de la vérité, de la vérité immédiate jusqu'à la vérité suprême. ..Mais il n'y a pas la fin de la voie de la vérité. Si vous cherchez une vérité imaginaire, une vérité particulière, une vérité décrite dans les livres, vous perdez votre temps !

Croyez-vous que la réalité, ou Dieu ou la vérité est quelque chose de particulier que vous découvrirez un jour ? Croyez-vous qu'il y a une vérité ultime que vous devez chercher ? Avez-vous un but, une destination, un point final dans votre recherche spirituelle ?

Posez-vous la question : Avez-vous une idée de la réalité ? Avez-vous une vision de la vérité ? D'où vient cette vision ?

P: *Ma vision de la réalité serait plutôt non-duelle. Ma destination serait de réaliser la vérité de la non-dualité ?*

R: Encore un concept ! Que savez-vous de la non-dualité ?

La dualité ou non dualité sont des concepts qui ne sont ni opposés ni exclusifs. La dualité ou la non-dualité sont les deux dimensions de la réalité. Satranga est un enseignement multidimensionnel ; Satranga reconnaît que la nature de la réalité est duelle et non-duelle en même temps, non-forme et forme au même temps. Et le paradoxe est que pour comprendre la non-forme il faut passer par la forme. Pour saisir la non-dualité il faut passer par la dualité.

P: *Je ne comprends pas ce paradoxe, pouvez-vous le clarifier ?*

R: La réalité n'est ni duelle ni non-duelle, ni esprit ni matière, ce sont les polarités conceptuelles que la pensée a créées. La réalité est au-delà des polarités conceptuelles.

Je ne sais pas si vous connaissez le principe d'indétermination de Werner Heisenberg. Werner Heisenberg était un physicien quantique allemand. En 1927, il présente sa théorie que la réalité est indéterminée ; et l'observateur par son observation influence la réalité et son expérience. La question fut : La nature de la lumière est-elle onde ou particule ? La physique quantique stipule que si vous observez la lumière comme particule, elle apparaîtra comme particule, et si vous l'observez comme onde, elle apparaîtra comme onde, c'est-à-dire qu'il n'y a pas d'observation objective. L'observateur est un acteur nécessairement impliqué dans le processus de l'observation et influence l'observation.

La réalité est duelle, si vous la voyez comme duelle et non-duelle si vous la voyez comme non-duelle. Elle peut être duelle à un moment et non duelle à un autre moment.

La non-dualité est une perception, une compréhension, une réalisation. C'est la réalisation que tout est la même chose, faite de même substance. Vous pouvez réaliser cela en un instant. Mais votre voisin ne le réalise pas encore. Cela veut dire que vous et votre voisin êtes deux entités différentes. C'est la dualité.

La perception de la non-dualité est une perception subjective. C'est-à-dire que cette perception peut arriver à un individu, et pas un autre individu. Individu veut dire dualité.

La dualité et non-dualité, donc sont inséparables en réalité !

P: *Mais un non-dualiste peut vous répondre qu'il n'y a pas de voisin, qu'il n'est qu'une illusion ?*

R: Oui, mais moi je ne dirai pas cela. C'est la preuve qu'il y a moi et ce non-dualiste, donc la dualité !

Il n'y a pas qu'une seule vision de la non-dualité. Il y a différentes compréhensions de la non-dualité. La non-dualité de l'Advaita est que tout est la conscience. Toute est la conscience, il n'y a que la conscience dans les formes différentes. Mais la non-dualité bouddhiste ne considère pas la conscience comme la seule réalité. Pour les bouddhistes, la réalité est SHUNYATA, le vide absolu, la vacuité, la non-existence. Par contre la non-dualité soufie est Amour, Tout est amour. Vous voyez même la non-dualité est multiple, duelle !

Vous pouvez réaliser la non-dualité dans les différentes formes comme l'Amour, comme la Vacuité, comme l'intemporalité, comme la conscience, comme la présence, comme lumière. Satranga reconnaît que chaque individu a le potentiel de réaliser toutes les formes différentes de non-dualité !

DE L'INTERIEUR VERS L'EXTERIEUR

P: *Pour moi, la spiritualité est synonyme de changement. Je m'intéresse à la spiritualité pour pouvoir créer le changement, la transformation, l'évolution !*

R: Le changement ?
Mais le changement de quoi ? Que voulez-vous changer ?

P: *Le changement radical, le changement de vie !*

R: Donnez-moi un exemple de ce que vous voulez changer ?

P: *Par exemple, mes relations, mon travail !*

R: Pourquoi voulez-vous changer vos relations ou votre travail ?

P: *Parce que je ne suis pas satisfait, ni de mon travail, ni de mes relations !*

R: Et vous pensez que si vos circonstances extérieures changeaient, si votre travail ou vos relations changeaient, vous seriez satisfait ?

P: *Je ne sais pas, la seule chose que je sais, c'est que je ne suis pas heureux avec la situation actuelle.*

R: Oui, je sais ! Vous n'êtes ni satisfait, ni heureux, et vous croyez que c'est à cause de votre travail ou à cause de vos relations. Et vous croyez que si, et seulement si, vous changez ces éléments extérieurs, vous serez heureux... Mais permettez-moi de vous poser les questions suivantes : Changement selon qui ? Selon quel modèle ? Selon quel idéal ? Comment savez-vous que vous serez heureux et satisfait, si votre travail change ou vos relations changent ?

P: *Je ne sais pas. Je le suppose. J'imagine que si les circonstances changent, je serai plus heureux.*

R: Oui, vous supposez, vous imaginez ! Vous êtes dans le malentendu fondamental sur la nature et la source du bonheur et du malheur : l'extérieur, le monde, les choses ! Justement, c'est seulement un espoir, une imagination ! Peut-être que c'est le contraire de ce que vous croyez qui est vrai ; Peut-être votre travail et vos relations sont en souffrance parce que vous êtes mécontent. Avez-vous pensé à ça ?

P: *je ne saisis pas ce que vous voulez dire.*

R: Ce que je veux dire est qu'il nous semble que nos conditions, nos situations et nos circonstances nous rendent heureux ou malheureux, satisfaits ou insatisfaits. Ce n'est pas vrai ! Le contraire est vrai. Ces sont nos états intérieurs qui créent nos situations extérieures, nos circonstances et nos conditions.

La vie ne fonctionne pas dans le sens allant de l'extérieur vers l'intérieur, mais dans le sens de l'intérieur vers l'extérieur ! Une de nos plus grandes illusions est que c'est le monde extérieur qui crée nos expériences intérieures, nos émotions et nos sentiments. Nous croyons à tort que si nous pouvions maîtriser le monde extérieur, nous pourrions maîtriser notre monde intérieur.

Le changement et la transformation ne se produisent pas à l'extérieur, dans les situations et circonstances mais à l'intérieur de notre esprit. Et cette transformation se reflète naturellement et sans effort dans notre monde extérieur !

Satranga ne vous aidera pas à changer les situations pour que vous soyez satisfait et heureux. Satranga vous aidera à être heureux et satisfait indépendamment des situations. Satranga va vous apprendre que vous avez en vous toutes les ressources pour vivre une vie en alignement avec vos aspirations profondes.

P: *Vivons-nous **toujours** de l'intérieur vers l'extérieur ?*

R: Oui, **toujours**. C'est un principe fondamental et important de Satranga. Rien d'extérieur à nous ne peut affecter notre expérience.

Notre esprit fonctionne d'une seule façon : le mouvement va de l'intérieur vers l'extérieur. Notre expérience est produite par nos processus intérieurs et pas par les circonstances extérieures. Nous pourrions juger que c'est le monde extérieur qui serait responsable de nos expériences, de nos joies et de nos misères, mais ce n'est jamais le cas….

La compréhension et l'intégration du principe que rien d'extérieur ne peut affecter notre état intérieur, et que toutes nos expériences sont produites par notre seule pensée, et que nous ne sommes aucunement à la merci de monde extérieur... comprendre ce seul principe peut changer notre façon de vivre et d'agir !

P: *J'ai un peu de mal à accepter que tout se passe dans la tête. Certaines situations sont tout de même réellement douloureuses* !

R: Vous avez un rendez-vous important avec un client ce matin. Vous décidez d'y aller plus tôt afin d'éviter les embouteillages. A mi-chemin de votre parcours, vos remarquez que votre voiture penche côté droit. Vous arrêtez votre voiture au bord de la route et descendez pour découvrir que le pneu devant droit est plat. Voir cela peut vous rendre anxieux, nerveux, vous irrite et vous sentez même un peu de colère.

Est-que vous croyez que vos sentiments sont produits par le pneu plat ? Ou par vos pensées, par vos interprétations, par votre évaluation de la situation. ?

P: *Mais est-ce que vous croyez que le pneu plat, c'est moi qui l'ai créé ?*

R: Vous confondez entre un fait et son vécu, entre un événement et son expérience. Le pneu plat est un événement, une circonstance, une situation, votre frustration est votre expérience.

Nous pouvons croire que nous sommes victimes de nos circonstances, mais ce n'est jamais le cas. Toute notre expérience est générée par notre pensée. Les circonstances et les situations n'ont aucun pouvoir de nous faire sentir quoi que ce soit. Nous vivons toujours la réalité expérientielle créée par notre pensée.

S'il est possible et même probable que nous soyons responsables d'une grande majorité des événements qui se déroulent dans notre vie, nous sommes en tout cas totalement responsables de ce que nous faisons de ces événements, de la manière dont nous allons les interpréter, les vivre, les intégrer, ou pas, d'en souffrir ou pas.

Comprendre cela nous libère de notre tendance à blâmer les autres, nous libère du besoin de changer le monde, de notre besoin de *validation extérieure*, et des peurs et angoisses des jugements des autres...

P: *Ne croyez-vous pas que parfois changer certaines choses à l'extérieur peut changer certaines choses à l'intérieur ?*

R: Si vous gravez un poème d'Omar Khayyâm sur un mur de pierre au lieu de l'imprimer sur une feuille dorée, son sens sera-t-il différent ? Sa signification va-t-elle changer ? Sa beauté sera-t-elle entamée ?

P: *Je suis désolé, je n'arrive pas à suivre votre raisonnement ?*

R: Un samedi matin d'octobre, Françoise se réveille, et ouvre les volets de sa maison pour découvrir que le ciel est plein de nuages noirs et qu'il pleut dehors. Elle remarque les feuilles brillantes vertes et jaunes d'automne lavées par la pluie, les reflets de lumière sur chaque goutte posée sur les fleurs, la fraîcheur de l'air humide et l'odeur de la terre nourrie par l'eau. *Elle est enchantée* par ce spectacle de la nature et, dans son émerveillement, Françoise sort pieds nus dehors, sans se soucier de se faire mouiller par la pluie.

Isabelle, la voisine de Françoise, se réveille à peu près à la même heure et *se sent dégoûtée* et démoralisée. Sa mère lui demande pourquoi ce matin elle est si *plouf*, si triste. Isabelle répond que c'est à cause de la pluie... *C'est si déprimant, ce temps gris*, dit-elle !

Nous voyons par cette petite histoire que le même événement, la pluie, provoque deux réactions totalement différentes chez deux personnes différentes. Pour l'une, c'est l'enchantement, et pour l'autre, c'est la tristesse. Est-ce vraiment le temps qui crée ces impressions et sentiments contraires ? La réponse est évidemment NON ! La pluie est un événement impersonnel, neutre, comme nous l'appelons. Il n'y a aucune relation de cause à effet avec les émotions. Isabelle et Françoise peuvent conclure que le temps cause leurs sentiments, mais elles ne peuvent pas expliquer le comment. Chacune présume que les *circonstances extérieures* sont la cause de leurs sentiments. Si vraiment la cause de leurs sentiments était la pluie, elles ressentiraient le même sentiment devant ce même événement. La seule conclusion que nous pouvons tirer de cette petite histoire est donc qu'il ya quelque chose d'autre qui est à l'œuvre !

Françoise interprète le temps d'une façon enjouée, et Isabelle d'une autre façon, et blâme la pluie pour littéralement ruiner sa journée. Chaque femme interprète l'événement extérieur à elle, en fonction de sa pensée et de sa croyance. La pluie est un stimulus neutre et ne peut pas déclencher leurs expériences émotionnelles.

P: *Je ne suis pas encore convaincu de votre exemple. Vous avez choisi une situation light, mais ce n'est pas la même chose devant les situations plus graves telle la perte d'un emploi, un divorce, etc.*

R: Est-ce que le chômage ou le licenciement crée nécessairement la souffrance ? Oui, il paraît évident, si vous voyez l'expression extérieure de la vie de quelqu'un, que c'est pénible, c'est rageant !

Mais est-ce le licenciement qui crée ces sentiments ? Non bien sûr ! Il y a d'autres éléments qui sont en jeu !

Imaginez qu'un jour votre voisin soit licencié. Qu'il vive ce jour et les jours suivants comme la pire expérience de sa vie. Peut-être qu'il se considère comme étant en échec, un looser. Et qu'il est en colère, qu'il croit être une victime. Il blâme son patron pour être à ses yeux un véritable salaud ! Il semble évident que ce qu'il ressent dépend de ce qu'il pense, de ce qu'il croit !

Si le licenciement en lui-même était la source de ces émotions, toute personne qui serait licenciée éprouverait les mêmes émotions. Et ce n'est pas le cas ! Une personne peut ressentir le désespoir, se sentir inutile ou être un objet interchangeable, peut déprimer parce qu'avoir un job est une partie intégrante de son estime de soi ! Une autre éprouvera de la colère, de la rage parce qu'elle se sent victime de l'injustice. Une troisième peut avoir peur et être dans l'angoisse car son attention se porte sur les factures, les traites de crédit à payer... Par contre, quelqu'un d'autre encore peut se sentir soulagé et éprouver un sentiment de liberté pour pouvoir changer de travail voire de vie !

Cela veut dire tout simplement qu'il y a quelque chose de plus dans l'équation qui fait sentir une chose à quelqu'un, et quelque chose de différent à quelqu'un d'autre.

Poursuivons notre petite histoire du voisin licencié. Imaginons que quelques années se sont écoulées. Notre licencié a retrouvé un autre poste, ou s'est mis à son compte, et sa vie est nettement meilleure qu'auparavant. Maintenant, il voit le licenciement avec acceptation, comme vecteur de renouveau, et même le voit avec gratitude. Le fait historique du licenciement reste le même, mais l'interprétation et la signification de cet événement sont différentes.

P: *Devant certaines situations tout le monde réagit de la même façon, par exemple devant la mort d'un être cher* !

R: Oui, je vous comprends. Sûrement que vous avez en tête des exemples qui feraient exception à cette règle.

Je vous invite à vous poser par exemple les questions suivantes :

Pourquoi différentes personnes réagissent différemment aux mêmes stimuli, à la même situation ?

Pourquoi la même personne réagit différemment au même stimulus et à la même situation à des moments différents ?

Qu'est-ce qui fait la différence ?

Posez-vous cette autre question :

Comment deux personnes éduquées, brillantes et intelligentes, regardant les mêmes ensembles de faits, tirent cependant avec une absolue certitude des conclusions différentes, et même opposées ?

Comment est-ce possible ?

La réponse est en fait très simple : aucune des deux personnes *ne voit* les faits, chacune d'elles *voit sa version* des faits. Chacune voit les faits selon son système de croyances, à travers sa bulle de ses structures de *pensées*.

Lorsque nous voyons cela, nous comprenons comment nos structures de pensées et croyances opèrent dans notre esprit, et affectent nos expériences, nos relations, nos émotions, notre travail.

LE CHANGEMENT EST LA SEULE CONSTANTE

P: *Je comprends bien le principe de l'intérieur vers l'extérieur, comme vous l'expliquez. Alors, je veux changer de l'intérieur, changer mes pensées et mes croyances, changer ce que je suis, et comment je fonctionne.*

R: Votre intention est louable. Je vous en félicite ! Mais cela ne fonctionne pas exactement comme ça.

Avez-vous déjà essayé de changer vos croyances ?

Vous ne pouvez pas changer vos croyances comme vous changez votre chemise.

Pourquoi ? Parce que nos pensées et nos croyances ne sont pas là par hasard. Elles ont une histoire, une logique, une assise historique pour les appuyer, pour les perpétuer….

Nous ne pouvons pas nous forcer à changer nos pensées ou nos croyances. C'est impossible. Nous ne croyons pas que nos croyances sont les croyances, nous croyons que nos croyances sont des vérités ! Nous croyons ceci et cela parce que ceci et cela a un sens pour nous, il y a une logique derrière nos pensées et nos croyances. Nous croyons en quelque chose parce que cette chose nous paraît réelle, qu'elle a un sens pour nous. Nous croyons en nos pensées, nous avons foi en nos croyances, nous les suivons, parce que nous croyons en la véracité de nos pensées. Nous ne pouvons alors pas ne pas croire ou cesser de croire à volonté. Il y a toute une mécanique derrière nos croyances. Nous ne pouvons pas les changer avec une baguette magique. Nous pouvons répéter sans cesse *je suis formidable…, je suis formidable…* cela ne changera rien, si notre conviction est que *je suis nul*.

P: *Si nos pensées et nos croyances ne changent pas, rien ne peut changer. Et ce n'est pas possible de changer les pensées et les croyances, Alors c'est la fatalité ?*

R: Non, ce n'est pas la fatalité !

Satranga propose la méthode d'exploration. L'exploration est une méthode efficace. L'exploration est un processus de voir : voir la croyance comme croyance et pas comme réalité, voir les pensées comme simples pensées et pas comme des vérités absolues. Nous n'essayons pas de changer nos pensées et nos croyances, nous les explorons.

Pour explorer nos pensées et nos croyances, nous devons les déchiffrer, les disséquer, les autopsier. Nous devons voir leur construction arbitraire, voir l'illusion de leur logique pour voir que le sens derrière elle est… vide de sens. Cette exploration permet de déconstruire, de dissoudre, de désamorcer ces pensées et croyances.

Le seul moyen pour pouvoir se libérer de nos pensées ou nos croyances, c'est de remettre en question leur réalité, briser leur logique. Comment se fait-il que je crois être nul ? Est-ce vrai ? Est-ce réel ? Qu'est-ce qui rend ces pensées ou croyances réelles ?

ULTIME REPONSE

P: *Et cette exploration produit le changement ? L'exploration est une méthode pour créer le changement ?*

R: L'exploration est un processus de voir, de comprendre, de réaliser la réalité de votre expérience. Et cette réalisation déclenche la dynamique de la transformation. Voir la réalité de votre expérience initie le processus naturel de changement.

Comprenez bien que le changement et vouloir changer sont deux phénomènes différents ! Le vouloir changer, le désir de changement est une des grandes entraves à l'évolution et la réalisation spirituelle !

P: *Ah, bon !*

R: Et oui... Réfléchissez : Qu'est-ce que le désir de changement, à quoi sert-il et pourquoi voulez-vous changer ?

A un moment de votre vie, vous sentez que vous n'êtes pas ce que vous auriez souhaité être. Vous considérez que votre expérience immédiate n'est pas si exquise, vous n'êtes pas encore là où vous sentiriez toutes ces choses magnifiques, ces états océaniques, qu'un grand guru promet dans son dernière livre. Là où vous êtes maintenant, n'est pas là où vous voudriez être ! Vous adhérez à ce groupe pour que la pratique de cette voie vous transforme. Vous méditez, vous chantez, vous invoquez la grâce du guru pour accomplir et réaliser votre idéal spirituel imaginaire. Pour réaliser votre vision de *comment l'homme doit être*, et *comment il doit fonctionner*.

Tout cela est très intéressant. Mais la question reste la même. Qui cherche le changement ? Comment savez-vous que si vous parveniez à changer, vous en seriez satisfait ?

Changer, la plupart du temps signifie modifier une façon d'être par une autre façon d'être. C'est modifier une structure de pensées et de croyances dans une autre structure de pensées et de croyances. C'est justement la fonction de la psychologie. Changer, modifier, améliorer les structures. Mais nous restons toujours dans les structures. La spiritualité, n'est pas un processus pour changer, la spiritualité est un processus de *changement*.

Le vouloir changer est un mythe. Le faux or ne deviendra jamais de l'or véritable. Vous pouvez y mettre toute votre intention, et votre bonne volonté mais ce sera en vain. Le faux est faux, le vrai est vrai. Le vrai changement est la mort de l'ancien, et la naissance du nouveau. Le faux doit s'effacer et laisser la place à la nature essentielle qui est la véritable identité de l'homme.

La spiritualité révèle notre réalité, notre nature intime. Elle n'essaie ni de changer, ni d'imposer, ni de positiver. La spiritualité n'est pas une tentative de créer un **ego sain**, la spiritualité est de se libérer de l'ego, de le dépasser. Elle nous dévoile notre véritable identité derrière ce que nous croyons être. En effet, nous restons prisonniers de nos croyances, structures, jugements, frustrations, tant que nous ne nous connaissons pas, tant que nous ne connaissons pas notre nature essentielle, et cette connaissance ne peut se révéler qu'au fond de nous-mêmes par un travail spirituel.

Cette réalisation, cette connaissance apporte le changement réel, et déclenche des actions autonomes plus créatives, plus productives, plus originales et plus engagées. Elle se manifeste dans le travail, les relations et les choix. L'individu devient de plus en plus clair, en ce qui concerne sa place et son rôle dans le schéma universel, et de plus en plus sûr de sa fonction.

P: *Oui mais c'est le désir du changement et de la transformation qui nous conduit à la spiritualité.*

R: Vous croyez ? Non, c'est plutôt la violence qui nous motive le plus souvent !

P: *Comment ça, la violence ?*

R: Avez-vous remarqué combien nous sommes violents envers nous-mêmes ? Nous nous critiquons, nous nous jugeons, nous nous rejetons... Quelles en sont les raisons ? Pourquoi voulez-vous changer ? Pour que vous deveniez comme il faut. Car tel que vous êtes n'est pas acceptable.

En fait, notre pratique spirituelle est souvent motivée par la haine subtile envers nous-mêmes. Cette haine nous pousse vers le désir du changement. C'est qu'au fond de nous-mêmes, nous nous rejetons. Ce rejet de soi est le carburant de l'incessant et obsessionnel désir de changer, de s'améliorer et d'être autrement.

Le travail spirituel commence avec beaucoup d'amour et de compassion pour soi-même, en abandonnant tous nos fantasmes.

La première étape de transformation est d'abandonner toute idée de transformation. Commençons humblement notre quête, en voyant ce que nous sommes actuellement, sans vouloir changer quoi que ce soit, sans se comparer avec ce que nous pourrions devenir. Découvrir avec curiosité, amour et tendresse pour nous-mêmes, ce qu'est notre situation, et notre expérience actuelle.

La transformation est un processus naturel et spontané, qui se produit quand nous cessons tout effort de changer. Nous ne pouvons pas la programmer. Si une transformation se produit, c'est qu'un processus différent, involontaire, gratuit et spontané s'est introduit.

La dynamique de la transformation décide de sa propre direction et de son rythme. Elle avance sans aucune poussée volontariste. Quand vous vous trouvez là, vous êtes dans le flux de la vie, et il ne vous reste plus qu'à vous laisser porter.

La grâce est l'énergie de la transformation spirituelle. La transformation est un miracle, un don. Une larve ne fait pas d'effort pour devenir papillon. Ses magnifiques ailes se déploient quand le moment est venu. La transformation se produit par le laisser faire, le laisser émerger, dans le temps juste et l'espace nécessaire. Vouloir changer produit l'attente, le conflit et le combat. La lutte rend l'homme imperméable à la grâce.

P: *C'est clair pour moi. C'est vraiment un piège à éviter !*

R: C'est un piège, un paradoxe à identifier. Nous partons avec une idée de changement qui exclut la notion d'acceptation. La transformation est quelque chose de totalement naturel. La vie est une transformation perpétuelle, un changement continu. Tout change sauf le changement qui est la seule constante.

La transformation est la seule réalité possible, l'acceptation est son énergie. L'erreur est d'essayer de changer dans une direction qui n'est pas celle de la transformation. L'idée de changement dirigé est le produit de l'état de frustration et porte un espoir qui engendre du désir. Ce désir conduit à la souffrance et à la déception.

RENVERSEMENT DE PARADIGME

P: *Oui, c'est vraie, dans l'idée de changement c'est le désir de s'améliorer. S'améliorer me paraît légitime. C'est une des raisons de l'engagement spirituel pour la plupart des chercheurs : s'améliorer, évoluer ! Vous comprenez cela !*

R: Oui, je comprends cela, mais s'améliorer selon qui ? Selon quel modèle ? Selon quel idéal ?

L'évolution est inhérente à la vie. Vous ne pouvez pas ne pas évoluer. Evoluer selon votre idée de ce qu'est ou devrait être l'évolution, n'est pas l'évolution, c'est une illusion. Vouloir être particulier, spécial, différent ou meilleur exige énormément d'énergie et d'efforts, et interrompt le mouvement naturel de l'évolution. Nous devons suivre le mouvement d'évolution et de la transformation perpétuelle. La spiritualité, c'est accepter que nous sommes parfaits à chaque moment…Et nous allons de perfection en perfection.

Sachez que Satranga n'est pas un enseignement de développement personnel. Son orientation n'est pas devenir ceci ou cela. Améliorer ceci ou cela. **Nous sommes déjà tout ce que nous pouvons être.**

Chercher l'évolution, l'illumination, la liberté, la vérité, n'est pas différent de chercher la richesse ou la renommée. La spiritualité ce n'est pas chercher ceci ou cela. Posez-vous la question : Pourquoi je cherche la vérité ? Pourquoi je cherche l'illumination ? Pourquoi je cherche le changement ? Pourquoi je cherche d'être mieux ? Et mieux que quoi ? Et qui cherche tout cela ? Qui est à l'œuvre ?

L'enseignement Satranga se distingue d'autres enseignements traditionnels qui, pratiquement tous, se fondent sur un ancien paradigme de la spiritualité qui est : *Nous sommes des êtres humains ayant une dimension spirituelle.* L'idée de Satranga est contraire à ce paradigme. Satranga proclame que : **Nous ne sommes pas des êtres humains ayant une dimension spirituelle, nous sommes des êtres spirituels, vivant une vie d'humain !** Et ce renversement de paradigme change tout… vraiment tout !

Si vous croyez être un être humain qui souhaite développer sa dimension spirituelle, vous êtes censé engager de l'effort ; des méthodes, des stratégies pour y arriver ! Mais si vous comprenez que vous êtes un être spirituel, vous n'avez besoin de rien faire car *vous y êtes déjà*, vous êtes déjà en plénitude, déjà illuminé ! Même si vous ne le savez pas. Même si vous ne le réalisez pas. Même si vous ne le vivez pas !

ULTIME REPONSE

Tout ce que nous cherchons, nous l'avons déjà aufond de soi. La spiritualité c'est de comprendre cela. La réalisation, c'est de réaliser cela !

P: *Sincèrement, j'ai du mal à vous croire !*

R: Nous sommes tous *spirituels*, même si nous croyons le contraire. La lumière spirituelle, la sagesse, l'essence existent en chacun de nous, sans exception. Notre réalité spirituelle est comme un tatouage. Nous sommes nés avec ce tatouage sur notre front. Nous pouvons le cacher sous un maquillage, mais ce tatouage reste intact. Vous ne voyez pas votre front ni votre tatouage. Un enseignement spirituel est comme un miroir qui vous aide à voir votre front, à voir votre tatouage aussi bien que le maquillage qui le cache.

L'homme, l'être humain est une entité spirituelle. Il ne peut pas en être autrement. La spiritualité est un principe. Vous le croyez ou vous ne le croyez pas, mais il opère en vous. C'est comme la loi de gravitation, vous y croyez ou vous n'y croyez pas, mais elle agit.

Satranga n'est pas une voie pour *devenir* quelqu'un ou quelque chose. La spiritualité n'est pas un processus pour devenir ceci ou cela, ni pour cultiver des qualités ou des vertus spirituelles. Satranga n'est pas une tentative pour devenir spirituel. Satranga enseigne la prise de conscience de notre réalité spirituelle. Satranga est une voie de réalisation de ce que vous êtes. Nous ne cherchons pas à vivre une vie spirituelle. Nous rendons notre vie humaine disponible à la spiritualité.

Notre nature inhérente est sagesse, intelligence, joie, bien-être, santé, plénitude. Il n'y a rien à acquérir, rien à développer. Nous sommes déjà *complets*, *finis*. Tout ce dont nous avons besoin se trouve déjà en nous. Rien ne manque. Satranga est une voie pour *découvrir*, *dévoiler*, *réaliser*, *reconnaître*, *activer*, *exalter* ce que nous sommes déjà.

P: *Si nous sommes des entités spirituelles, comment pourrions-nous perdre notre dimension spirituelle ?*

R: Nous ne perdons jamais notre dimension spirituelle. Jamais. Seulement la dimension spirituelle passe en arrière-chambre de notre conscience…Les traditions spirituelles appellent cela : oubli !

P: *Ou, mais pourquoi ?*

R: Il est tout à fait naturel que nous oublions ou plutôt réprimions la dimension spirituelle de la vie humaine. Nous sommes des êtres spirituels, nés dans un monde physique et dans un corps physique. Dès notre naissance, nous voyons des objets physiques autour de nous. Nous sommes baignés dans le monde des concepts et les idées des autres. Nous commençons à croire que ces idées et ces concepts sont vrais. Logiquement, nous commençons à croire que nous sommes aussi un objet physique, nés dans un monde physique. Voila !

Vous voyez à quel point nous vivons dans nos idées, dans les concepts, dans les illusions. Nous cherchons les choses que nous ne comprenons même pas. Nous cherchons l'illumination, nous cherchons l'éveil, nous cherchons le Soi, nous cherchons Dieu, nous cherchons la non-dualité, nous cherchons le changement. Mais nous nous posons rarement la question : Qu'est-ce que je cherche **vraiment** en cherchant tout ça?

La démarche spirituelle est un chemin unique pour chacun d'entre nous. C'est le principe spirituel le plus important de Satranga. Votre chemin spirituel est un chemin ouvert. C'est un chemin de surprises et d'émerveillement. Vous ne savez pas ce que vous allez trouver sur votre chemin unique. Si vous cherchez la non-dualité ou Dieu ou la présence ou quoi que ce soit, vous serez biaisé, votre recherche vous limite, devient une entrave, vous risquez d'ignorer mille trésors, mille joyaux, mille révélations sur votre chemin. Si votre recherche est ouverte, vous ne cherchez rien, vous ne savez pas ce que vous allez trouver. Vous trouverez ce que vous devez trouver. Si vous devez trouver la non-dualité, vous trouverez non-dualité, si vous devez trouver l'amour, vous trouverez l'amour, si vous devez trouver Dieu, vous trouverez Dieu…

Alors, je vous pose encore la question : Que cherchez-vous ? Que cherchez-vous **vraiment** en cherchant tout ça ?

LE BONHEUR N'EST PAS A GAGNER

P: *Je crois que ce que nous cherchons en cherchant tout ça, c'est le bonheur ! Il y a deux motivations pour approcher un enseignement spirituel, soit on cherche la vérité soit on cherche le bonheur. Pour moi, la spiritualité et la philosophie sont associées à la recherche du bonheur. Chacun désire le bonheur... Moi aussi !*

R: Oui, Mais les deux motivations ne sont pas exclusives. Quand vous cherchez la vérité, vous cherchez le bonheur. La vérité est le bonheur et le bonheur est la vérité.

C'est légitime de vouloir être heureux. C'est un mouvement naturel. Le bonheur n'est pas un désir, c'est un mouvement. Être heureux est naturel. Le bonheur est notre état naturel. La dynamique de l'esprit nous pousse à retrouver notre état naturel.

Vous êtes le bienvenu pour suivre votre quête du bonheur !

J'ai foi et confiance, qu'avec le temps, vous découvrirez que le vrai bonheur est seulement possible avec une connexion plus profonde avec votre nature essentielle, le vrai bonheur étant de découvrir ce que vous êtes : Votre vérité ! Le bonheur, c'est votre état naturel !

Vous n'êtes pas seul à désirer le bonheur, la liberté, le bien-être, la sérénité, le contentement et la paix intérieure. Chacun aspire à être heureux, à vivre une vie de plénitude et de joie, à avoir une vie brillante et vibrante, une vie *exquise*, pleine de *jus*, de *saveurs* et de *satisfaction* : vous, moi, Justine, Marc, Karim, Kim, nous tous. Oui, et il n'y a pas d'exception. Le bonheur est le *bonbon* le plus convoité. La satisfaction est une *truffe* d'autant plus rare qu'elle est la plus recherchée.

La plupart du temps, nous cherchons le bonheur et la satisfaction dans la consommation, dans le sexe, dans les distractions licites, ou même parfois illicites... Rechercher l'âme-sœur, accumuler les richesses, partir à l'aventure, faire des exploits, obtenir le pouvoir et la reconnaissance sociale, sont autant de manières de le chercher, et aussi autant de manières d'échouer et de se décevoir !

Nous échouons souvent à trouver le bonheur dans le matérialisme, dans le monde des objets mais nous ne nous avouons pas vaincus et continuons notre recherche en changeant les objets de désir. Parfois nous changeons totalement notre orientation et nous tournons vers les religions, la spiritualité et la philosophie en espérant trouver le bonheur.

Un grand nombre d'hommes et de femmes ne sont ni heureux ni satisfaits de leur vie, malgré tous leurs efforts, malgré leurs acquisitions et leurs accomplissements. Et ceux qui proclament être heureux ont souvent la prétention de l'être, se disant : *J'ai tout ce dont j'ai rêvé, j'ai tout pour être heureux* donc, je *dois être heureux...*

P: *Oui, c'est vrai, les gens qui ont tout, tout ce qu'ils désirent, sont encore insatisfaits, et même très souvent bien malheureux !*

R: Ce mécontentement nous paraît mystérieux n'est-ce pas ? Incompréhensible, et pourtant il est si omniprésent chez nombre de personnes qui réussissent, de gens célèbres, d'athlètes de haut niveau, de gens du show business.... Nous croyons souvent : *ils ont tout, ils ont tout ce qui nous fait rêver, ils doivent être hyper heureux dans leur vie...*Mais non, beaucoup ont même le sentiment d'être inaccomplis, sont déprimés et même suicidaires parfois, malgré leur réussite apparente.

Nous les étudiants de Satranga, nous ne cherchons pas le bonheur. Nous nous posons des questions : Pourquoi ne sommes-nous pas déjà heureux et satisfaits ? Le bonheur est comme le soleil. Quels sont les nuages qui empêchent le soleil d'illuminer la terre ? Car être heureux et satisfait est notre état naturel. Qu'est ce qui nous empêche d'être heureux et satisfait ? Nous suivons le mouvement dynamique de notre esprit qui nous guide, nous dirige à retrouver notre état naturel de bonheur.

P: *Alors qu'est-ce qui nous empêche d'être heureux? Vraiment heureux ? Avez-vous une réponse ?*

R: Ce qui nous empêche d'être heureux, c'est le malentendu fondamental sur la nature et la source du bonheur. Nous avons innocemment associé notre bonheur et notre bien-être aux facteurs extérieurs à nous-mêmes.

J'entends souvent des gens dire : *Je serai heureux **quand** j'aurai une quantité X d'argent... **Quand** je rencontrerai la femme ou l'homme de ma vie... **Quand** je quitterai mon emploi et lancerai mon entreprise de rêve... **Quand** je perdrai quinze kilos...*

Ou encore, *Je ne peux pas être heureux parce que... Je n'ai pas autant de succès que mes amis...Je ne suis jamais en forme...J'ai eu une enfance malheureuse... Il y a quelque chose en moi de...*

De près ou de loin, positifs ou négatifs, ce sont tous des exemples du même malentendu fondamental, sur la nature et la source du bonheur, mais aussi du malheur. **L'extérieur... le monde...les choses !**

Or, le bonheur est inné et inconditionnel ! Le bien-être est naturel et sans raison. Tous les ingrédients sont déjà en nous, simplement en attente de notre *attention*. Le bonheur et le bien-être sont notre *droit de naissance*, un cadeau qui nous est donné, un cadeau que nous n'avons ni besoin de mériter, ni de gagner !

P: *Mais la plupart d'entre nous croient que le bonheur est conditionnel ? D'une certaine façon, qu'il se mérite !*

R: Oui, c'est vrai. Je vous invite à faire une expérience. Dites à un ami ou à un collègue simplement ceci : *Je suis heureux !* Et voyez sa réaction. Il va immédiatement poser la question : *Pourquoi ?* Ou *à propos de quoi ?* Ou *qu'est-ce qui te rend si heureux ?* Comme s'il était nécessaire d'avoir une raison extérieure à vous pour être heureux ! Nous sommes tous innocemment conditionnés à chercher les raisons du bonheur à l'extérieur de nous-mêmes.

Le bonheur, c'est comme la bonne santé, il fait partie de notre *nature essentielle*. C'est le monde qui nous fait croire qu'il est conditionnel ; que nous ne serions pas heureux si nous n'avions pas ceci ou cela...Nous le croyons, et ainsi nous créons nos mécontentements et nos souffrances...

P: *Je crois cependant que certaines choses* **extérieures à nous** *peuvent nous rendre heureux !*

R: De quoi avez-vous besoin pour être heureux ? Faites donc votre liste : une carrière parfaite, une épouse ou un époux parfait, une maison parfaite, des attitudes parfaites, une technique de méditation parfaite, un guru parfait, plus de confiance en soi, plus de positivité ?

Cette liste n'a rien à avoir avec le bonheur. Cette liste est un choix, un caprice, une décision arbitraire. *Non, j'ai décidé, je ne serai pas heureux, je serai malheureux tant que je n'ai pas ceci et tant que je n'ai pas cela.*

Nous subissons l'incroyable suggestion de notre culture ambiante, nous croyons que nos idéaux, nos pensées et nos désirs sont vrais. C'est ainsi que je peux croire que j'aurais besoin d'une nouvelle voiture pour être heureux, et ce manque de voiture comme étant la source de mon malheur. Mais une nouvelle voiture, de nouveaux partenaires, un nouvel emploi, de nouvelles coiffures... ne peuvent pas réellement être la source du bonheur ou du malheur, parce qu'ils sont *neutres*. C'est seulement par le pouvoir que nous leur accordons qu'ils deviennent source de malheur ou de bonheur.

Si nous voyons le monde extérieur comme source de notre bonheur, nous en devenons dépendants.

P.: *Vous parlez de bonheur. Y a-t-il le **bonheur** et le **BONHEUR** ? Si je peux accéder au bonheur par la procuration de biens matériels par exemple, et éphémères par définition, qui ne m'apporteront qu'un bonheur... éphémère, pensez-vous que ce soit le même BONHEUR auquel conduit la recherche spirituelle ?*

R: Le *bonheur* dont je parle n'est pas une émotion éphémère ou une exaltation temporaire. C'est un état *inhérent*, un état *essentiel*. C'est Ananda des védantistes, c'est Sakina des soufis.

N'avez-vous jamais constaté que, lorsque vous avez une nouvelle voiture par exemple, le *bonheur* qu'elle vous procure ne dure jamais très longtemps...Bien sûr, nous pouvons nous sentir exalté, excité, emporté, fier. Mais est-ce le bonheur ? Ne confondons pas le *bonheur* et le *plaisir,* le *bonheur* et l'*excitation* !

Si vous êtes heureux, vous êtes heureux. Si vous êtes heureux ***parce que***.... Vous n'êtes pas vraiment heureux ! Car ce *parce que* peut disparaître à n'importe quel moment. Et vous savez cela, et cela vous fait peur. Le bonheur et la peur sont antinomiques !

P: *C'est la recherche du bonheur qui nous pousse à faire des choses, non ?*

R: Nous avons grandi en adoptant des idées, des idéaux et des croyances de notre environnement, de nos parents et de la société en général, de la culture et le folklore dans lesquels nous avons vécu. Nous ne pouvons qu'adopter et faire nôtres les arguments nous permettant d'atteindre le bonheur et le bien-être, par le succès et des accomplissements extérieurs. Ces idées et ces croyances sont renforcées sans cesse par des centaines et des milliers d'interactions avec les figures d'autorité que sont nos parents, nos enseignants, le monde qui nous entoure...

Nous sommes heureux et satisfaits de par notre essence. Le monde nous apprend d'abord à être *non-heureux* et *non-satisfait*. Puis, il nous pousse à acquérir le bonheur et la satisfaction par un tas de trucs...

Votre malheur, votre insatisfaction, votre frustration sont un atout important pour le monde. La prise de pouvoir sur vous et sur votre vie n'est pas possible autrement. Les lobbies, les publicistes, les créateurs de mode, toutes les sectes religieuses, politiques et économiques, sont les acteurs de ces prises de pouvoir. Ils sont là pour créer d'abord votre malheur et votre insatisfaction et ensuite vous vendre leurs formules magiques du bonheur.

Le monde entier nous incite à avoir nos désirs et à travailler assidûment pour les réaliser, pour enfin être heureux ! Et malgré tout cela, si nous n'arrivons pas à atteindre le bonheur et le bien-être tant rêvés, tant désirés, nous somme poussés à aller encore plus loin, à faire encore plus, à faire encore plus d'efforts pour tenter d'y parvenir.

Imaginez un enfant se lançant d'un arbre en battant des bras avec l'espoir de pouvoir voler. Et, quand il tombe par terre, son père lui suggérerait de recommencer avec plus d'assiduité, de battre des bras encore plus fort pour pouvoir réussir son vol... Non, essayer de battre des bras plus fort ne servirait à rien. L'espoir de pouvoir voler est illusoire et naïf. Nos tentations de créer le bonheur et le bien-être par des éléments extérieurs à nous sont aussi illusoires et naïves !

LE FEU NE PEUT LA BRULER

P: *Moi, je ne cherche pas le **Bonheur** avec un B majuscule ! Ma recherche est simplement un peu de bien-être dans ma vie !*

R: Le Bonheur qu'il soit avec un B majuscule ou avec un b minuscule est le même bonheur. Le bonheur avec n'importe quel autre nom est le même bonheur. Vous pouvez l'appelez bien-être, joie, sérénité, paix......Et **le bien-être que vous cherchez est inhérent à la nature humaine**....

P: *Que voulez vous dire exactement par inhérent?*

R: La vitamine C est inhérente à une orange !

Nous ne pouvons pas créer notre *bien-être* par volonté ou par l'effort. Nous ne pouvons pas l'acquérir, ni le perdre. Il fait partie intégrante de notre nature spirituelle, de notre conscience.

P: *Mais pourquoi nous ne pouvons pas le créer ou développer ?*

R: Pouvez-vous créer le silence ? Pouvez-vous créer la paix ? Non, vous ne pouvez pas ! Par contre nous pouvons créer le bruit, nous pouvons créer le conflit. Le silence est la *couleur de fond* de notre conscience. Quand le bruit cesse, il y a le silence. Quand le conflit cesse, il y a la paix. Quand le mal-être cesse, il y a le bien-être.

P: *Le bien-être n'est-il pas un choix, ne demande-t-il pas un certain effort ? Un certain travail ? Certains compromis ?*

R: Non, le bien-être n'est pas un choix, le bien-être est un fait, une réalité. Le bien-être ne demande aucun effort. Par contre le mal-être nécessite énormément d'efforts de pensées et de croyances. Le bien-être est toujours notre *couleur de fond*, notre *droit de naissance, notre tatouage indélébile,* même si nous ne vivons pas cette réalité.

P: *Et quand on mène une vie de misère et quand on se sent abîmé et cassé par la vie, rechercher un peu de bien-être me paraît légitime.*

R: **Nous sommes parfaits, et serons toujours parfaits. Notre nature essentielle est parfaite, nous ne pouvons pas être cassés ou abîmés. Jamais !** La vie n'a jamais cassé ou abîmé personne.

P: *Vous croyez ? Pourtant, j'ai vu tant de personnes cassées, abîmées, meurtries par la vie...*

R: Non, vous n'avez pas vu des personnes *cassées, abîmées, meurtries par la vie...* Vous avez vu des personnes cassées, abîmées, meurtries par leurs pensées et croyances. Vous avez vu des personnes cassées, abîmées, meurtries par le jeu de leur ego ; par le jeu de leurs récits, par le jeu de leur narration, par des histoires et des justifications qu'ils s'offrent. Vous avez vu leurs *jeux apparents,* et elles peuvent apparaître alors en effet cassées, abîmées, meurtries. C'est un peu comme le maquillage pour Halloween. Ils apparaissent terrifiants, mais, derrière ces apparences, leur vraie identité est toujours intacte.

Quoi qu'il nous arrive, et ce peut être la pire des calamités, il y a une dimension en nous qui ne peut pas être affectée, qui ne peut pas être abîmée, qui ne peut pas être blessée. C'est notre *dimension spirituelle.* Notre vraie identité. Rien ne peut l'atteindre. Comme disent les sages : le feu ne peut la brûler, le glaive ne peut la couper !

P: *Dites tout ça à une personne accablée par des malheurs et la souffrance, elle va apprécier...*

R: Non, je ne dirais pas cela à une personne accablée par la souffrance. Mais quand je vois une personne souffrante, mécontente, déprimée, cassée, je ne vois pas une personne souffrante, mécontente, déprimée, cassée. Je vois une personne saine, plein de ressources, plein de sagesse. Je vois une personne pleine de vie, mais coupée de sa source. Cela ne m'empêche pas de reconnaître sa souffrance ni d'avoir de la compassion pour celle-ci. Mais je sais en même temps que sa souffrance est fabriquée de toute pièce par ses illusions, par ses interprétations, par ses compréhensions erronées.

P: *Est-ce que votre compassion suffit pour la changer ?*

R: Je n'essaie pas de la changer, de la guérir, de positiver ou quoi que ce soit. J'essaie de l'aider à voir comment elle fabrique ses malheurs innocemment. J'essaie de lui démontrer comment elle crée ses souffrances, son mécontentement. Voir cela est plus efficace que toutes les thérapeutiques. Voir cela la libère de ses malentendus, de ses illusions.

Savoir que la *plénitude* et le *bien-être* sont inhérents à notre nature, et ne peuvent jamais être détruits, est *liberté*.

Nous sommes nés parfaits, et sommes toujours parfaits, même si nous pensons que nous sommes imparfaits. Rien n'est mal en nous, rien n'est abîmé, cassé, même si nous pensons que nous sommes *foutus*. Nous ne pouvons pas perdre notre *nature inhérente*. Elle peut être encombrée, asservie, enterrée sous des tonnes de gravats de nos pensées conditionnées, de nos structures chroniques, de suppositions, de fausses conclusions, de croyances erronées, mais nous ne pouvons pas la perdre…Jamais !

C'est une bonne nouvelle, n'est-ce pas ? Mais souhaitons-nous vraiment connaître ce secret-là ? Car ce serait bien le secret le mieux gardé du monde !

La démarche spirituelle selon Satranga, c'est de déblayer les gravats, pour déterrer votre précieuse nature essentielle et de l'exposer en pleine lumière !

P: *Je n'ai jamais rencontré quelqu'un qui proclame qu'il cherche le bonheur. Les gens ne cherchent pas forcément le bonheur, car ils ne savent même pas ce qu'est le bonheur. Ils cherchent plutôt à fuir la souffrance. Un grand nombre de gens s'intéressent à la spiritualité en vue de résoudre leurs problèmes personnels !*

R: Oui, c'est possible, et un enseignement spirituel leur dira : *Bienvenue,* car c'est leur vérité, leur réalité du moment ! C'est ce qu'ils vivent !

La spiritualité commence souvent au niveau personnel, au niveau de nos conflits, de nos préoccupations, de nos souffrances. Sans les alléger, nous allons peiner à passer au niveau impersonnel.

Les gens ne viennent pas me voir et me disent : *Monsieur Roshan, je cherche la vérité, pouvez-vous m'aider à la trouver ?* Ou me disent : *Monsieur Roshan, je cherche le bonheur, pouvez-vous m'aider à le trouver ?* Non, la plupart viennent parce qu'ils sont insatisfaits de leur vie, parce qu'ils souffrent, parce qu'ils se sentent perdus. Les personnes vont vers un enseignement spirituel poussé par leur instinct de vérité, ils vont vers la spiritualité par le mouvement dynamique de leur esprit qui cherche à rétablir l'état naturel de vie.

Les gens viennent vers la spiritualité parce qu'ils sentent que la vie peut être *beaucoup plus* que ce qu'ils vivent. Ils sentent instinctivement que leur vie n'est pas complète, entière. Ils se rendent compte que, malgré leur réussite professionnelle, sociale, familiale, il leur manque *quelque chose d'essentiel*, quelque chose qui leur échappe. Ils sentent qu'il leur manque certains repères, pour comprendre, pour déchiffrer leur expérience de vie.

Leurs problèmes, leurs souffrances, leurs insatisfactions, leurs mécontentements signifient nécessairement qu'ils ne vivent pas leur vie en alignement avec leur *nature essentielle*, et leurs problèmes et leurs souffrances peuvent devenir une porte pour l'atteindre…

OUI, LA SOUFFRANCE EST EVITABLE

P: *Croyez-vous que la souffrance et le mécontentement sont évitables dans un monde matérialiste ?*

R: La souffrance, le mécontentement sont inévitables tant que nous ne sommes pas dans notre *nature essentielle*. Nous sommes, consciemment ou inconsciemment, artisans de nos souffrances et de nos mécontentements. Nous sommes passés maîtres pour fabriquer nos malheurs au quotidien. La souffrance n'est pas un fait naturel ; il faut une *stratégie* bien huilée pour la faire advenir, et une *constance* pour la maintenir.

P: *Oui, justement, se libérer de la souffrance et des difficultés n'est-il pas un des buts de la spiritualité ? Est-ce que le rêve de se libérer de toute souffrance sera réalisé un jour ?*

R: Oui, la spiritualité nous conduit à la libération, elle nous libère de nos souffrances. Mais libération de souffrance ne signifie pas que nous somme à tout jamais immunisé de toute peine.

Est-ce que l'engagement spirituel signifie que nous n'aurions jamais ni chagrin ni peine ? Serions-nous à l'écart de la vie ? Ou bien la spiritualité signifie-t-elle que nous ne serions plus des humains ? N'aurions-nous plus jamais aucun sentiment ?

Même pour ceux d'entre nous qui ont un engagement spirituel depuis des décennies, des questions, des humeurs, même de grands conflits et des peines peuvent encore survenir. La vie familiale, la vie professionnelle, tout simplement la vie, peut s'avérer compliquée et difficile.

La spiritualité ne signifie pas l'absence de difficultés. Nous pouvons être sujet à des difficultés et aussi continuer à évoluer comme des êtres spirituels et humains. La spiritualité est une célébration de l'être humain et du divin en même temps, ces deux dimensions inséparables de l'homme.

Nous sommes des aventuriers fougueux. Nous voyageons sans entrave dans l'univers magique de notre esprit, tout en étant pleinement dans le monde. Nous ne sommes ni des moines ni des ermites cachés dans des monastères, des ashrams ou des grottes. La spiritualité c'est vivre dans le monde de la forme, à partir du non-forme. Dans le monde de la forme, il est impossible d'éviter les difficultés !

Vivre, c'est vivre la vie comme elle vient. C'est être OK tant dans les bons jours comme dans les mauvais. C'est être libre de vivre le chagrin quand il y a chagrin, et de vivre la joie quand il y a la joie.

Reconnaître notre condition humaine, notre humanité, nos peurs, nos limitations, notre beauté, nos talents, notre créativité, nos sentiments, tous nos sentiments, fait partie de la vie spirituelle.

La vie est bonne. Nous avons la certitude de la bienveillance de la vie et de l'univers, la bienveillance fondamentale de la vie, la bonté de la réalité, la clémence de l'Etre. Avoir cette *certitude* permet d'accepter toute pensée, tout sentiment et toute émotion et situation. Nous cessons de fuir la souffrance, car nous savons que la nature de toute expérience est une construction éphémère. Nous sommes à l'aise, comme nous sommes, et avec tout ce que nous vivons. Nous avons alors de la compassion pour notre souffrance et pour la souffrance des autres.

P: *Vous pensez que tous nos problèmes sont des illusions ?*

R: Non, cela veut dire tout simplement que les circonstances extérieures ne sont pas la source primaire de nos émotions et de nos sentiments, de nos bonheurs ou de nos malheurs. Personne ne nous a enseigné comment nos émotions, nos sentiments, nos pensées et nos croyances fonctionnent. Personne ne nous a appris comment notre psyché opère. La seule possibilité que nous pensons avoir, c'est de résister à nos expériences qui nous dérangent. Nous avons appris à réprimer et à rejeter nos émotions et nos sentiments tout au long de notre vie. Personne ne nous a appris à voir nos sentiments et nos émotions comme étant une *manifestation extérieure* d'un processus intérieur composé et *construit par nos pensées* et *nos croyances*.

NAVIGATION PAR LA SAGESSE

P: *Attendez, je suis quelque peu confus. Il y a quelque chose que je ne saisis pas dans votre philosophie. Est-ce que vous suggérez qu'il est inutile d'accomplir des* **choses** *dans notre vie, car si nous sommes déjà heureux, satisfaits et contents inconditionnellement, il ne servirait à rien de bouger ? A quoi bon donc de produire un effort pour réaliser quoi que ce soit ? Si nous sommes heureux et satisfaits en étant seul, pourquoi chercher quelqu'un ? Tout cela me paraît passif et défaitiste !*

R: Oui, le mot clé dans votre question est : *paraît*. Oui, cela *paraît* passif et défaitiste, mais, au contraire, c'est dynamique et créatif. Je m'explique.

Nous vivons dans une civilisation de défaillances et de manques, dans une civilisation où l'insatisfaction, l'incomplétude, l'insuffisance et le mécontentement sont devenus la norme.

Presque toutes nos activités sont motivées pour remplir nos manques et nos défaillances, à tel point que nous commençons à croire que si nous n'avions pas ces manques, si nous étions heureux, la vie perdrait tout son dynamisme. Nous croyons que, si nous étions heureux et satisfaits, la vie deviendrait ennuyeuse.

Rien n'est plus loin de cela que la réalité.

Le bonheur, le bien-être, la paix sont des *faits*. La souffrance, les conflits, le mal-être sont des *constructions*. Le bonheur n'est pas un choix, le malheur en est un. La souffrance peut paraître normale, une occurrence habituelle, mais ce n'est ni naturel ni un aspect nécessaire de notre condition humaine.

Une femme ou un homme heureux et satisfait de par son *Essence* n'est pas un être passif, il est vraiment actif. Il a besoin d'exprimer son élan créatif sans crainte et sans peur. La vraie créativité et le vrai dynamisme font partie de notre nature essentielle. Le produit du bonheur est la lucidité, la clarté et la créativité. Les gens heureux et satisfaits dans leur vie sont plus productifs dans leur travail, je suis certain que vous savez déjà ça.

Et pour répondre à votre question : *Pourquoi chercher quelqu'un si nous sommes heureux et satisfaits en étant seul ?* Je dirais que nous pouvons nouer de vraies relations seulement quand nous sommes heureux et satisfaits en étant seul. Une vraie relation ne peut exister qu'entre des êtres heureux et satisfaits, sans *parce que* !

La plupart du temps nos relations sont une réponse à notre solitude, à notre mal-être, à notre ennui. Nous croyons tromper notre mécontentement, notre solitude par la présence de l'autre. Nous utilisons l'autre pour remplir notre vide intérieur, nos manques et nos défaillances. L'autre devient un instrument de notre gratification. C'est ce que j'appellerais une relation de dépendance. Les relations fondées sur la dépendance échouent souvent.

Une vraie relation est une relation de liberté. Une relation authentique, ce n'est pas pour tromper mon mécontentement, ma solitude et mes manques. C'est pour partager mon bonheur, ma plénitude, ma joie et mon amour avec quelqu'un de spécial.

P: *J'ai nettement l'impression que votre spiritualité est coupée du monde matériel, du monde réel. Quelque part vous voulez dire que ce n'est pas la peine de réussir dans la vie ou de réaliser nos rêves ?*

R: Bien sûr vous pouvez réussir, bien sûr vous pouvez réaliser vos rêves. Là n'est pas la question. La question c'est toujours la même : Est-ce que votre bonheur dépend de votre réussite ou votre réussite dépend de votre bonheur ?

Que veut dire réussir ? Chacun a son idée de ce qu'est la réussite, a ses critères de réussite, sa mesure de ce qu'elle est. Trop souvent, ces idées de réussite sont empruntées au monde extérieur. Nous fabriquons nos rêves, nous nous y attachons et supposons que seulement si nous les réalisons, nous allons considérer avoir réussi. Et nous aurions éventuellement alors le droit à *un peu* de bonheur !

P: *Pour vous, et dans votre culture spirituelle, la notion de réussite n'existe peut-être pas, mais pour moi la réussite est aussi importante que tous les états de béatitude !*

R: La spiritualité ne peut pas vous assurer la réussite. Satranga ne peut pas garantir le succès. Satranga peut seulement vous apporter la clarté. La clarté est le gage de l'action juste, le gage des décisions justes. La clarté est le gage de réussite aussi bien professionnel que personnel.

Posez-vous des questions très simples : Pourquoi y a-t-il des personnes ayant une capacité incroyable à surmonter les hauts et les bas de la vie avec facilité et élégance, et d'autres pataugeant perpétuellement dans l'inquiétude et l'incertitude ?

Pourquoi y a-t-il des personnes qui perçoivent la vie comme un terrain de jeux et vivent de joie, d'amour, et d'émerveillement, et d'autres qui luttent et souffrent en permanence ?

La réponse est toute simple : Notre vie est le reflet de notre esprit, le reflet de nos compréhensions, de nos réalisations, de notre clarté. Ce n'est pas nos réussites et nos accomplissements qui créent notre bonheur ou notre satisfaction. C'est notre bonheur et notre satisfaction qui créent notre succès et nous permet d'accomplir notre vie.

Il existe un lien entre l'esprit clair, serein et calme, et une vie personnelle et professionnelle réussie. Il existe une relation entre la compréhension et l'intégration spirituelle, et l'expérience subjective de chaque être humain ! Les gens heureux sont plus aptes à réaliser leurs rêves et à accomplir de *grandes choses.*

P: *Les gens qui réussissent savent ce qu'ils veulent et s'y engagent ?*

R: Très juste. Les gens qui réussissent savent vraiment ce qu'ils veulent. Ils savent écouter et entendre l'appel de leur cœur. Ils sont clairs dans leurs intentions.

Dans un monde en changement perpétuel, en transition permanente, nous cherchons des repères pour prendre les bonnes décisions, repères pour nous guider et nous diriger dans notre vie. Nous cherchons ces repères dans les livres, dans les philosophies, dans les religions, dans les faits et gestes de ceux qui réussissent. Mais les repères dont nous avons besoin sont en nous. Le système de guidance parfait de notre vie est notre *sagesse inhérente*, boussole de notre vie qui nous guide dans ce monde en constante évolution. Elle est parfaitement calibrée pour chacun, selon sa situation et ses valeurs.

Navigation par la Sagesse, c'est l'ultime secret d'une vie réussie ! Notre *sagesse inhérente* nous oriente et nous guide pour prendre les meilleures décisions. L'intelligence universelle nous guide, comme elle guide toute chose dans la nature, pour nous exalter, nous accomplir, pour nous épanouir. Mais nous ne l'écoutons pas !

Nous ne l'écoutons pas parceque nous n'avons pas appris à l'écouter. Nous vivons au milieu d'un brouhaha intérieur et extérieur permanent, et la voix de sagesse est subtile et délicate. C'est comme le chant d'un rossignol dans un concert de mille tambours.

Apprendre à écouter cette voix de la sagesse fait partie de notre vie d'être humain…Et de notre vie spirituelle. Si nous réapprenons à l'écouter, notre expérience de la vie commence à prendre une qualité différente avec un sentiment croissant d'engagement et de plaisir. Nos relations familiales et sociales changent, et notre vie professionnelle s'enrichit de façon efficace. Nous sommes plus ouverts à la vie, pleins de gratitude et de joie, assoiffés d'accomplir et de créer, d'aider et de partager… de **vivre**.

P: *Nous ne savons même pas ce qu'est la sagesse inhérente, encore moins comment l'aborder, comment s'y connecter?*

R: Se connecter à la sagesse inhérente est comme être *en ligne*. Votre ordinateur contient des informations, les données dans son disque dur, et vous pouvez accéder à ces données quand vous en avez besoin. Maintenant, si vous avez besoin d'informations et vous ne les trouvez pas dans votre ordinateur, que faites-vous ? Vous vous connectez à internet, à World Wide Web afin de trouver ces informations. Vous êtes *en ligne* avec un réseau infini d'informations. De la même façon, si vous n'arrivez pas à trouver les réponses dans votre disque dur, composé d'informations, de mémoires, de conclusions, de croyances accumulées, vous vous connectez au *réseau cosmique* qui est notre sagesse inhérente.

La spiritualité nous reconnecte à ce *réseau cosmique* !

En effet, notre cerveau est un modem hyper puissant. *Être en ligne* est l'état naturel de notre cerveau, mais seulement nous donnons instruction à notre cerveau de *travailler hors connexion*. Et quand nous travaillons hors connexion, nous transformons chaque contrariété en drame et chaque drame en crise.

P: *Que pensez-vous des buts et des objectifs ? Je me fixe des objectifs et des buts dans ma vie tant personnelle que professionnelle. Je suis heureux quand je les réalise...*

R: Vous n'avez pas fini votre phrase. *Je suis heureux quand je réalise mes buts et malheureux quand je n'arrive pas à les réaliser.*

Les individus et les organisations établissent des buts et objectifs pour des raisons pratiques, pour organiser leurs actions. Mais, s'ils considèrent que leur bien-être et leur sécurité psychologique dépendent de la réalisation de ces buts et objectifs, ils créent stress, anxiété et pression.

Il y a en réalité deux sortes de buts. Les *buts alignés* et les *buts toxiques*. Les *buts alignés* sont enracinés dans la clarté. Ce sont les objectifs *authentiques*. Ce sont les choses que nous souhaitons, parce que nous les souhaitons. Ce sont les expressions de notre *Essence*, de notre intelligence. Ils ont un parfum d'authenticité.

Les *buts toxiques,* eux, sont enracinés dans le *je serai heureux quand...* Ou dans le *je ne peux pas être heureux tant que...* Par exemple : *Je serai heureux quand j'aurai ma propre maison* ; ou *je ne peux pas être heureux tant que je n'ai pas un enfant*. Ces buts toxiques créent attachement et souffrance.

Les buts et les objectifs sont des pensées que nous avons

élaborées pour nous motiver. Ils peuvent être utiles et ne posent aucun problème a priori. Le problème commence quand nous nous attachons à nos buts et objectifs, comme nous nous attachons à toute autre pensée. Par notre attachement, tout innocemment, nous fermons les portes aux pensées nouvelles et à la guidance permanente de notre sagesse.

Nous pouvons avoir des objectifs, des buts et des rêves, mais nous n'y sommes pas attachés. Notre sentiment de réussite ou bonheur n'en dépend pas.

P: *Si je saisis votre pensée, vous enseignez le contentement. Or, on m'a toujours fait comprendre que le contentement est contreproductif, et que le mécontentement au contraire est le moteur et le carburant de la créativité et du progrès !*

R: Oui, c'est l'orientation dominante de notre société et de notre culture. Mécontentements, incomplétudes, frustrations sont le moteur et le carburant de notre vie, comme vous le dites si bien. Mais est-ce que c'est la seule orientation possible ? Quelle serait notre vie si elle était l'expression de notre plénitude, de notre bien-être, de notre bonheur ?

Notre orientation est contraire à l'orientation dominante. Il est très difficile de réaliser tous vos désirs, vos rêves et vos idéaux pour pouvoir être enfin heureux, mais il est plus facile de réaliser tous vos désirs, vos rêves et tout ce que vous voulez si vous êtes déjà heureux !

Au lieu de dire : Je serai heureux, satisfait et content seulement quand j'aurai un million d'euros sur mon compte, et un business florissant, une grande maison de huit pièces, une Ferrari dans mon garage, une relation parfaite, et des amis géniaux… Nous disons : je suis heureux, satisfait et content dans ma vie sans aucune raison, car c'est ma nature essentielle, et comme je suis heureux, satisfait et content, il est plus facile d'avoir un million d'euros sur mon compte, un business florissant, une grande maison de huit pièces, une Ferrari dans mon garage, une relation parfaite et des amis géniaux. Si vraiment je veux tout ça !

P: *En théorie c'est peut-être possible, mais en pratique cela me parait inconcevable !*

R: C'est inconcevable, parce que vous avez pris l'habitude d'utiliser le malheur, le mal-être, la frustration, la colère…comme stratégies de motivation, des stratégies de manipulation, pour manipuler et vous forcer vous-même, et pour manipuler et forcer l'autre.

C'est inconcevable, parce que vous croyez que si vous étiez heureux et satisfait inconditionnellement, vous n'arriveriez rien à réaliser. Vous croyez que passer par les cases malheur et insatisfaction sont nécessaires pour réussir dans la vie.

J'ai une bonne nouvelle pour vous : Ce n'est pas vrai.

Êtes-vous prêt à accepter que l'insatisfaction et le mécontentement ne sont pas nécessaires pour le bon fonctionnement dans la vie ?

Êtes-vous prêt à accepter l'incroyable pouvoir du bonheur et du contentement inconditionnel ?

Êtes-vous prêt à être heureux, et qu'importent les circonstances ?

Je vous encourage à réfléchir à ces questions. Au moment où nous réalisons que nous ne devons rien *faire* ni *avoir* quoi que ce soit pour être heureux, nous sommes libres. Et cette liberté nous procure une plus grande joie, l'inspiration et le contentement dans la vie, quelle que soit sa forme.

Une fois que nous réalisons que nous pouvons être heureux sans aucune raison, nous gagnons la liberté d'affronter intensément chaque journée de notre vie.

Si nous sommes contents avec ce que nous avons, nous serons surpris de voir comment la qualité de notre vie peut changer. Le *contentement* amène la paix et la sérénité dans notre esprit. La paix et la sérénité sont nécessaires à la *créativité* et au vrai *progrès*.

P: *Le monde dans lequel je vis, associe le contentement avec stagnation, vous associez le contentement avec créativité !*

R: Oui, c'est bien dans l'intérêt du monde de vous faire croire cela. Vous serez pratiquement blâmé, montré du doigt si vous êtes content et satisfait. *Comment osez-vous être heureux, content et satisfait sans consommer nos biens et nos services ? Voulez-vous faire effondrer l'ordre économique et social si bien établi ?*

Nous sommes façonnés pour réussir dans toutes nos entreprises créatrices. Notre pouvoir de créativité est illimité. La créativité est inhérente à l'esprit humain. La créativité est inhérente à la vie. La vie est infiniment créatrice. La créativité vient de la force de la vie. Cette force fait partie de nous, et nous faisons partie de cette force.

P : *Pouvez-vous m'assurer donc, qu'en suivant votre enseignement je vais être heureux à jamais, et que je serai vraiment moi-même ? Avec un résultat garanti, et sans effort de surcroît ?*

R : Non, ce n'est pas en suivant l'enseignement Satranga que vous serez heureux à jamais. Satranga, ni aucun autre enseignement d'ailleurs, n'aura le pouvoir de vous rendre heureux. Le bonheur est votre et notre *nature* comme nous l'avons déjà dit. Vous ne pouvez pas être autrement qu'heureux. Satranga ne peut que vous aider à VOIR cela !

P: *Et si je ne suis pas heureux, et si je suis mécontent ?*

R: Satranga n'est pas un cours de pensées positives. Satranga ne vous apprend pas à prétendre être heureux. Satranga vous apprend à explorer votre mécontentement. Satranga va vous aider à voir, comment vous construisez votre mécontentement et le maintenez avec persistance et constance !

Voilà, voilà. Nous avons fait le tour de nos motivations. Après notre profonde exploration de ce que nous voulons dans la spiritualité, qu'avons-nous donc découvert ? Quelles sont votre compréhension et vos conclusions suite à cette exploration ?

NOUS SOMMES TOUS DES CHERCHEURS

P: *Je constate que nous sommes tous des chercheurs sans le savoir ! Nous avons découvert que chacun a une différente motivation devant le fait spirituel, une idée différente de la spiritualité. Et surtout nous cherchons toutes sortes des choses à travers la recherche spirituelle.*

R: Oui, absolument, tout le monde *cherche*. Mais contrairement aux apparences, nous tous, nous cherchons toujours la même chose. Nous continuerons à chercher tant que nous n'aurons pas trouvé ce que nous cherchons. Nous cherchons et cherchons, mais nous ne savons pas ce que nous cherchons. Chacun a sa façon de chercher.

Parfois, nous cherchons la richesse, la renommée, la gloire ; nous cherchons l'aventure, les sentiments forts, l'exaltation amoureuse ; nous cherchons les expériences extatiques, l'illumination, le bonheur, le bien-être, la paix... on peut dire *à chacun son objet de recherche*. Mais ce n'est pas vrai.

La vérité est que **Nous sommes tous des chercheurs spirituels et nous cherchons toujours la même chose. Vivre sa nature essentielle, Vivre sa vie spirituelle.** Si vous cherchez le bonheur, si vous cherchez la tranquillité, si vous cherchez à vivre une vie de paix et de sérénité, en réalité, vous cherchez toujours à vivre votre *nature essentielle*. Quoique vous croyiez chercher, vous cherchez votre *vraie identité*. Nous tous nous cherchons la même chose, parfois en étant conscients et parfois en ne l'étant pas.

P: *Et ceux qui cherchent la richesse, le pouvoir, l'influence ?*

R: Oui, pourquoi quelqu'un va chercher la richesse ? Parce qu'il croit que la richesse va lui apporter la liberté, le confort, le bien être, et la considération des autres. Pourquoi quelqu'un va chercher le pouvoir ? Parce qu'il croit toujours que le pouvoir va lui donner le sentiment de sécurité, de liberté, de l'importance au regard des autres....

Nos aspirations, nos rêves, nos désirs ne sont pas anodins. Ils existent pour une série de raisons. Nous ne rejetons ni nos désirs ni nos rêves. Nous avons à les examiner, à les questionner, à les explorer pour savoir ce qu'ils recèlent, ce qu'ils expriment.

Derrière toute notre recherche, derrière tous nos désirs, derrière toutes nos motivations, derrière tous nos rêves, si nous grattons un peu, nous nous apercevons que nous cherchons tous le *paradis perdu*, le paradis que nous n'avons cependant jamais perdu, puisqu'il est en nous, depuis toujours, et pour toujours !

Nous sommes tous des chercheurs de trésor, et ce trésor est notre *nature essentielle*, et notre *propre identité* ! Nous tous cherchons ce que nous sommes, qui nous sommes. Nous tous cherchons notre authenticité, le vivant en nous, nous cherchons à rentrer chez Soi. Rentrer chez soi après un long exil !

P: *Si je vous comprends bien, vous dites que chaque être humain est en* **recherche du vivant** *quelle que soit l'expression de celle-ci ?*

R: Oui, c'est exactement ça. Tout le monde cherche, mais souvent au mauvais endroit. Vous connaissez l'histoire de l'homme qui cherchait ses clés dans la rue ? Un de ses copains, qui passait par là, a voulu l'aider à les retrouver. Mais, après une recherche fouillée dans les alentours, et ne les ayant pas trouvées, le copain voulut être certain : *Es-tu sûr d'avoir perdu tes clés, ici ? Non !* lui répond le chercheur. *Je les ai perdues dans la rue d'à côté.* Furieux, le copain demande alors *Pourquoi cherches-tu tes clefs ici si tu les as perdues ailleurs ? Parce qu'ici il y a la lumière et dans la rue où je les ai perdues, il fait sombre…*Nous fonctionnons un peu comme ce chercheur de clés, n'est-ce pas ?

Que ce soit pour résoudre nos problèmes, atteindre nos objectifs, améliorer nos relations ou libérer notre potentiel, nous cherchons finalement à retrouver *le vivant* en nous, retrouver l'élan de créativité et de sagesse. Nous savons qu'au plus profond de nous-mêmes, nous sommes *endormis* aux dimensions les plus profondes de notre vie. Nous cherchons en réalité toujours à nous réveiller et à vivre une vie réelle, connectée et authentique.

Un enseignement spirituel peut être un moyen pour accomplir cela. C'est cela la fonction d'un enseignement spirituel.

P: *Mon impression de cette journée est que vous avez une seule réponse à toutes nos questions* : **la nature essentielle** *! Quoi qu'on vous demande vous revenez toujours à* **la nature spirituelle***. Je peux résumer votre discours à un seul mot :* **Essence !**

R: Oui, bien observé. L'Essence est l'**ultime réponse**. L'Essence est le **précieux élixir,** Je répète cela sans cesse, car je n'ai rien à vous dire de plus. Je le répète sans cesse non pas pour que vous m'écoutiez, je le répète sans cesse pour que vous voyiez cette vérité vous-même !

Réaliser l'essence, réaliser la nature essentielle, réaliser la nature spirituelle est la seul tâche qui vaut la peine. C'est la solution à tous nos problèmes, c'est l'élixir pour toutes nos souffrances.

Oui, oui, je sais. Certains participants ici peuvent interpréter mon insistance comme un *sur-enthousiasme,* ou encore comme étant de la *naïveté,* mais j'insiste encore et toujours : le seul problème de tout être humain et de toute l'humanité en général, est la coupure avec sa nature spirituelle, sa nature essentielle. Toutes les calamités sont la conséquence de cette coupure.

P: *Je vous écoute attentivement, et je trouve votre discours passionnant. J'ai toujours su que je suis un chercheur, sans vraiment savoir ce que je cherchais. Aujourd'hui, j'en sais un peu plus sur ce que je cherche : Mon chemin, ma vie authentique, ma nature essentielle, mon destin unique. Mais ma question reste toujours la même : Comment? J'ai suivi plusieurs enseignements dans les trente dernières années avec cette question, sans trouver une réponse.*

R: Je vous félicite pour avoir compris cela. Vous cherchez ce que cherche chacun d'entre nous, retrouver SA vie, vivre SA vie. Vous avez compris que chaque vie est sacrée, que chaque vie est unique, chaque vie est un chemin spirituel unique. Retrouver votre chemin unique est l'enjeu d'un enseignement spirituel. Vous savez maintenant qu'aucune satisfaction n'est possible sans réaliser sa trajectoire personnelle, sans réaliser son essence, sans réaliser son destin. Et réaliser son essence est possible, réaliser son destin est possible ! C'est la seule promesse de Satranga.

Comment est une question très intéressante. Comment retrouver SA vie ? Comment retrouver son chemin spirituel ? Pour répondre à cette question nous avons besoin de comprendre, vraiment comprendre pourquoi nous ne vivons pas notre vie. Qu'est qui nous empêche de vivre une vie pleine et authentique. Comment nous nous sommes égarés de notre chemin. Nous avons besoin de Se connaitre. Nous avons besoin de savoir comment nous fonctionnons dans la vie. Et ensuite nous verrons comment apporter les ajustements qui s'imposent.

Suivre les chemins spirituels tracés par les autres ne vous conduira nulle part. Marcher sur les voies spirituelles toutes tracées aboutit souvent à des impasses. Comme ce chercheur de clés qui ne trouvera jamais ses clés là où il les cherche, tant qu'il ne retourne pas là où il les a perdues.

Satranga est une approche unique de la spiritualité. Vous ne suivez pas Satranga, Satranga vous suit. Satranga vous encouragera à découvrir votre voie unique, L'enseignant vous accompagnera sur votre chemin unique.

A demain, si vous voulez bien

Dimanche

SUIVRE SON DESTIN

Bonjour et bon dimanche !
Je suis ravi de vous retrouver ce matin pour continuer notre conversation sur l'introduction à Satranga.

Je me souviens vous avoir dit qu'un enseignement spirituel authentique est composé nécessairement de trois éléments : une *vision*, une *méthodologie* c'est-à-dire les moyens de réaliser cette vision, et *une organisation pratique* afin de mettre en place cette méthodologie.

Hier nous avons exploré la vision de Satranga. J'espère que notre conversation vous a bien éclairés. Aujourd'hui nous allons explorer la méthodologie et l'organisation de Satranga.

Mais avant d'aller plus loin, si vous avez encore des questions à propos de ce que j'ai exposé hier, je vous invite à les poser…

P: *Oui, hier vous avez évoqué de nombreuses notions sans vraiment les expliquer. Pouvez-vous les clarifier aujourd'hui ?*

R: Oui, bien sûr. Qu'est-ce qui n'est pas clair, dites-moi ?

P: *Hier vous avez utilisé le mot* **destin**. *Dans les milieux spirituels que je fréquente, je n'ai que rarement entendu ce mot. Que signifie-t-il ?*

R: **La nature essentielle de toute chose est parfaite. La raison d'existence de toute chose est de manifester sa nature essentielle. C'est le destin de toute chose.** L'être humain est parfait dans sa *nature essentielle*. Sa raison d'être est d'exprimer et d'exalter sa nature, et ainsi d'être dans le concert de la vie, pour pouvoir s'accomplir.

P: *Est-ce que chacun des êtres humains a un destin ?*

R: Tout le monde a un destin.

Nous sommes nés pour faire ce que personne d'autre ne peut faire. Nous sommes uniques, différents de tout autre. Nos dons sont uniques, différents chez chacun. Nos pouvoirs sont uniques, différents chez chacun. Nous sommes nés pour *réaliser* ce que personne d'autre ne peut *réaliser*. C'est ça, notre chemin spirituel.

Nous sommes toujours occupés à faire ce qu'exige de nous la société, ce qu'attendent les autres, ce qu'espèrent nos parents.... Ce que demande notre Guru. Nous nous sentons obligés de faire ce qui nous est demandé à la maison, à l'école et plus tard au travail et dans nos relations. Nous sommes rarement alignés avec nos *vérités personnelles*, avec *notre destin*, avec *notre chemin*. Nous sommes si peu en contact avec nos vrais sentiments et nos vrais choix.

Ce conflit entre nos vraies aspirations et l'attente des autres crée souffrance et stress, et nous rend mécontents et vulnérables.

Satranga croit en la sagesse inhérente de chacun. Il honore votre authenticité. Il célèbre votre unique destin. Vous seul savez ce qui est juste pour vous. Seulement, vous avez le pouvoir, la responsabilité et le devoir de créer *la vie* qui est l'unique expression de votre *destin*.

La vie est *lila*, un jeu divin, une danse sacrée. Ce jeu est éternel. Du champ infini de rien, émerge toute chose et y retourne. De l'immense silence émergent le son, les notes, la musique de la vie. Il n'y a que sept notes. Et ces sept notes donnent naissance à des musiques et à des chants infinis. Nous avons tous notre chant unique, notre musique unique. C'est notre *sagesse inhérente* qui façonne et compose notre chant unique. Notre destin.

Chacune des trajectoires est unique. Nous créons une vie de plénitude et de bonheur alignée et congruente avec notre trajectoire personnelle. C'est le paradoxe de la vie, nous devons transcender le *personnel* pour retrouver notre *destin personnel*, unique, notre chant unique !

P: *Et enseigner est votre destin?*

R: J'étais ouvrier et je pensais que je finirais ma carrière comme contremaître dans une usine, ou, au mieux, gérant dans un restaurant indien, et je suis en train de vous parler de la spiritualité. C'est surprenant n'est-ce pas ? Même amusant !

P: *Qu'est-ce qui vous motive pour enseigner ?*

R: Il est profondément satisfaisant et réjouissant de voir un étudiant se transformer radicalement sous vos yeux, sachant que votre expérience de vie, vos humbles connaissances et vos maigres compétences ont servi à l'aider à trouver son Nord, à l'aider à *mieux vivre*. Et ces moments sont tous les jours un événement pour moi !

P: *Votre discours est contraire à ce qu'on m'a toujours inculqué : Nous pouvons créer notre destin et maîtriser notre destin ?*

R: Nous croyons que nous sommes les maîtres de notre propre destin, que nous choisissons notre parcours de vie en toute clarté, en toute logique. Ce n'est souvent pas vrai. La plupart de nos décisions et choix importants sont pris dans des conditions de crise et de chaos. La majorité de nos décisions sont impulsives et réactives, prises sous l'emprise des pressions sociales. Et les décisions et choix que nous prenons créent encore plus de confusions et de problèmes.

Souvent nous nous dirigeons dans notre vie tel un aveugle. Perdus entre nos pensées confuses, nos émotions conditionnées, nos désirs et nos idéaux, nous manquons de *sérénité* et de *connexion* avec notre *référence intérieure* pour opérer les changements et choix qui ont un impact décisif sur notre vie, et la vie de ceux qui y sont liés.

Satranga apporte plus de lumière sur notre *système opérationnel*, sur notre mode de fonctionnement personnel et ses paramètres, sur les compréhensions des racines qui forment nos réalités. Nous amenons le *système opérationnel* en pleine conscience, voyons comment il est constitué, comment il opère et comment l'ajuster.

P: *Alors, comment connaître mon destin ? Le sens de ma vie ?*

R: **Nous sommes conçus pour ne pas seulement survivre, mais aussi pour vivre et accomplir notre vie, et notre destin de manière optimale.** Nous n'avons pas besoin de chercher le sens de notre vie. Nous avons besoin de **Se connaître**. Nous avons besoin d'apprendre à écouter, Nous avons besoin d'être vrai, d'être authentique, et de nous laisser guider par notre intuition, par la sagesse vivante de notre nature essentielle, par nos réalisations, par nos élans naturels. C'est cela, le sens de notre vie.

Nous n'avons pas besoin de chercher notre destin. C'est notre destin qui nous cherche. Il nous trouvera. Il nous trouvera si nous restons ouverts, si nous apprenons à écouter la voix de notre vérité.

Nous avons perdu l'art de l'écoute et de la réflexion intérieure. Nous sommes baignés de bruits extérieurs émis tant par les médias que par notre environnement en général, oubliant de faire un arrêt, et d'entendre au fond de nous-mêmes le message de notre vérité et de notre véritable direction.

La spiritualité est de se connaître, s'écouter, se respecter. Comme dans le pépin d'une pomme est écrite la mémoire du pommier, dans notre conscience est inscrite la mémoire de notre futur, mémoire de notre participation dans le jeu sacré de la vie ; de notre histoire unique ! Mais personne ne nous a appris à l'écouter, à la lire… !

Satranga nous initie à l'écoute, à la réflexion, à la méditation, à la contemplation. Dès que nous savons écouter, vraiment écouter nous rentrons dans la clarté de notre essence. Le pas suivant, l'action juste suivante et le mouvement naturel se révèlent alors comme une évidence. Notre sagesse devient alors notre système de navigation dans la vie.

LE SUBLIME NECTAR

P: *Hier vous avez tenté de nous persuader que tout ce que nous cherchons à travers nos désirs, à travers nos recherches, à travers la spiritualité, c'est notre nature essentielle. Vous avez amplement évoqué l'Essence, la nature essentielle, les aspects essentiels. L'essence est l'élément le plus important de votre enseignement. Mais vous n'avez pas expliqué clairement ce qu'est l'essence et comment on la perd et comment la réaliser ?*

R: Oui, justement, comment la réaliser est le sujet d'aujourd'hui. C'est l'aspect méthodologique de l'enseignement.

L'essence est notre nature inhérente. L'essence est la vraie nature de l'homme. C'est la réalité ontologique de notre existence. C'est la perception et l'expérience de notre nature intime.

L'essence est notre divinité. C'est le reflet du divin dans notre conscience. L'essence est le visible de l'invisible. L'essence est la forme de la non-forme. L'essence se manifeste par diverses qualités spirituelles qui sont clairement distinctes et perceptibles. Ces différentes qualités sont appelées les aspects essentiels. Ces qualités spirituelles sont notre divinité dans notre humanité. Ce sont toutes les qualités de notre vraie nature dans toutes ses dimensions.

Ces aspects sont la sagesse, la clarté, l'intelligence, la volonté, la force, la joie, la paix, la valeur, l'amour...

P : *Chacun de nous a une essence ?*

R : Non, chacun de nous n'a pas l'essence, chacun de nous **est** essence ! L'essence est notre noyau le plus intime. Nous sommes nés en état de perfection, de bonheur, de plénitude et de présence. L'essence, c'est notre *condition d'usine*, c'est notre *réglage par défaut* !

P : *Si chacun est essence, comment nous distinguons-nous ? Quelle est la différence entre moi et vous ?*

R : Chaque tableau est différent et unique, pourtant composé de même gamme de couleurs ! Chaque diamant est unique, pourtant composé de même matière : le carbone. Chaque morceau de musique est différent, pourtant composé des mêmes sept notes. Chaque corps humain est différent, pourtant composé des mêmes éléments de base.

P : *Est-ce que le concept d'essence ou de la nature essentielle est une particularité Satranga ?*

R : La réalisation de sa vraie nature est le sujet principal dans l'enseignement Satranga. Découvrir et réaliser les aspects essentiels est la tâche centrale et primaire de notre travail et de notre développement spirituel. Les autres enseignements et traditions peuvent aussi se référer à l'essence, peut-être avec d'autres mots.

P: *Je n'ai aucun souvenir d'avoir entendu parler de l'essence. Votre théorie de l'Essence se manifestant par ses diverses qualités, votre enseignement se distingue du bouddhisme et de l'hindouisme qui soulignent les aspects plus impersonnels du divin.*

R: Oui, les aspects essentiels sont les qualités impersonnelles du Divin. Mais leur expérience est personnelle, en tant qu'expérience subjective. Comment autrement ces aspects essentiels pourraient-ils être vécus, connus ?

L'expérience et la réalisation de l'*Essence* sont la tâche centrale du travail et du développement spirituel dans toutes les traditions, explicitement ou implicitement. Les écoles spirituelles et philosophiques, d'Orient et d'Occident, ont chacune une façon différente de définir et de classifier ces aspects, selon la logique particulière du paradigme sur lequel elles se fondent.

La bible dit : *Dieu créa l'homme à son image.* La bible ne parle pas de l'image physique de l'homme, mais de sa nature profonde. La vraie nature de l'homme est la nature de Dieu. Les soufis d'orient se réfèrent à un hadith du prophète Mohamed : *Celui qui se connaît soi-même connaît son Seigneur.* Selon le soufisme, la nature intime de l'homme est la nature de Dieu. Ainsi connaître la nature de l'homme est connaître Dieu. Satranga appelle cette vraie nature de l'homme et de Dieu : l'essence.

Les différentes traditions spirituelles insistent et appuient sur certains aspects de l'Essence, et en négligent d'autres. Par exemple, les traditions christiques insistent sur l'aspect de l'amour et la générosité ; les traditions soufies d'Orient sur l'amour et la sagesse ; les traditions indiennes sur l'unité et la joie ; les traditions bouddhistes sur l'aspect de la sérénité et de la droiture. Satranga ne privilégie aucun aspect particulier, et avance l'idée que tous les aspects, connus et inconnus, avec toutes leurs nuances, sont réalisables. Et c'est la réalisation, l'expérience et l'actualisation de ces aspects qui font la richesse des hommes et des femmes !

P : *Selon votre vision, l'évolution est tout simplement de réaliser l'essence !*

R : Oui absolument. L'évolution c'est se connaître et connaître Dieu. Connaître et réaliser l'essence signifie se connaître et connaître Dieu. L'essence est la lumière de notre Ame. C'est le reflet divin dans notre conscience. L'éveil, c'est la connaissance et l'éveil de chaque aspect de l'essence. L'illumination, c'est la connaissance et l'illumination de chaque aspect de l'essence. L'essence est le sublime nectar de la vie. Plus nous sommes proches de notre essence, plus nous sommes évolués ; plus nous incarnons les aspects de l'essence dans notre vie, plus nous sommes nobles.

P : *Le but final de Satranga est de réaliser l'essence !*

R : Le but de Satranga est de vivre entièrement et profondément, une vie sans lutte ni difficulté inutile, une vie caractérisée par la satisfaction et le contentement, une vie de paix, de sagesse, d'amour, de joie et de vitalité, une vie de passion, de curiosité, de découvertes, d'appréciation et de gratitude. Le but de Satranga est de vivre en alignement avec notre vraie nature.

Réaliser notre *nature essentielle* va nous permettre de célébrer notre vie humaine et terrestre aussi bien que notre vie spirituelle et divine à chaque instant, et de reparticiper pleinement au jeu incessant de la vie et de l'existence.

P: *Pourriez vous nous décrire les aspects de l'Essence ?*

R: Décrire l'Essence, ou les aspects de l'Essence, est impossible. Si toutes les mers et les océans se transforment en encre, cela ne suffirait pas à décrire l'essence.

L'essence est si vaste, si riche, si variée...L'essence est l'Etre. L'essence est le reflet de Dieu. Comment quelqu'un pourrait-il saisir toutes les qualités de l'Essence, la totalité de l'Essence? De plus, chaque aspect de l'Essence a des nuances, des subtilités et des tonalités à l'infini, impossibles à cerner par des mots et le langage. C'est seulement quand vous les vivez que vous pouvez en distinguer ses subtilités…

P: *Pourriez vous au moins nous donner un aperçu de quelques aspects de l'Essence ?*

R: Par exemple l'amour est un aspect essentiel, l'amour sans objet d'amour, l'amour comme *force motrice* de l'univers. L'amour est une existence, pas une réaction, pas une activité. Il n'est pas une pensée ou une émotion. Il est réel seulement quand *il est*.

L'amour n'est pas le verbe Aimer. Vous n'aimez pas, vous êtes amour. Si vous sentez que vous aimez quelqu'un, vous n'aimez pas ce quelqu'un, ce quelqu'un active l'amour en vous, ce quelqu'un éveille l'amour en vous. Lorsque vous vivez l'amour comme un mouvement, comme une réaction, comme une émotion, ce n'est pas l'amour. L'amour peut apporter ces choses, mais l'amour est plus basique et plus profond que toute réaction.

La réalisation de l'aspect d'amour dévoile la réalité de l'amour. C'est la perception directe que tout est fait par amour, et tout est amour. Le corps, les murs, l'air, l'espace, les atomes, tous semblent être fabriqués à partir de la même réalité, à partir de la même substance. Tout est Un. Il y a l'unité de tout et l'amour est la glu qui tient tout ensemble.

L'essence est le *miel du muet*, il peut le goûter mais ne peut pas le décrire. Personne ne peut décrire ce qu'est l'expérience de l'amour. Oui, peut être par les allégories, par les paraboles par les métaphores, par les allusions, comme font les mystiques et les poètes depuis des millénaires. Par exemple, je peux dire que l'expérience subjective de l'amour est vécue comme une douceur, comme une Présence qui se sent moelleuse et lumineuse. C'est l'une des facettes les plus simples et les plus basiques de l'amour. Phénoménologiquement, l'amour se sent moelleux et dans Satranga sa couleur est rose.

Il y a beaucoup de nuances différentes de l'amour. Par exemple l'amour fusion, il est vécu comme la perte des limites entre moi et l'autre. On se sent comme si nous étions devenus tout. C'est ce goût de l'amour fusionnel qui nous fait rêver de créer une relation fusionnelle en cherchant l'âme sœur. Il serait impossible de décrire toutes les nuances de l'amour dans le cadre de notre exposé.

Chaque aspect de l'essence a un caractère expérientiel unique, un goût et un parfum particuliers et des fonctions et implications précises. Satranga propose une compréhension détaillée des qualités essentielles de l'Essence et leur réalisation, leur actualisation et leur incarnation dans notre vie.

Parmi les qualités les plus courantes de l'*Essence,* on relève la force, la compassion, la volonté, la joie, l'intelligence, la curiosité, le bien-être la sérénité, la félicité, tout comme le flux, l'intelligence et la sagesse, ou encore la générosité, le partage, et la gratitude…Et nous pourrions continuer cette liste à l'infini !

Nous pourrions parler toute une semaine des aspects de l'*Essence* sans jamais pouvoir en faire le tour, et toute une vie pour les réaliser… Car le plus important est de *réaliser,* plutôt que de *parler…* Et c'est cela la spiritualité, **réaliser** !

P : *Je ne comprends pas encore, ce que vous voulez dire exactement par réaliser ? Par réaliser l'essence ?*

R : Réaliser veut dire rendre réels les aspects de notre nature essentielle. Nous possédons implicitement ces perfections qui restent en tant que potentialités. Réaliser l'essence, c'est rendre réel ce qui est potentiel. La réalisation de la vie humaine est d'actualiser, d'incarner, d'illuminer et d'exalter les aspects essentiels.

P: *Pour avoir l'expérience de l'Essence, est-ce nécessaire d'avoir une démarche spirituelle ?*

R: Non, l'expérience vécue de l'Essence n'est pas réservée aux seuls aspirants spirituels. C'est une expérience universelle, que vous soyez spirituel ou pas. Seulement, nous ne savons pas reconnaître ces expériences comme Essence.

Les traditions spirituelles distinguent la notion d'**état** et la notion de **station**. L'état d'essence est accessible à chacun. Qui n'a jamais éprouvé un sentiment de gratitude ? Qui n'a jamais ressenti la compassion ? Chacun de nous a vécu l'expérience de l'Essence épisodiquement, sans la reconnaître. La plupart du temps, ces expériences sont confondues avec des sentiments et des émotions habituels. La spiritualité en général, et Satranga en particulier, apprennent à apercevoir, à reconnaître, à apprécier et intégrer les aspects d'essence comme station dans notre conscience, c'est-à-dire, l'expérience de l'Essence de façon systématique et permanente.

Les aspects de notre essence sont les couleurs de fond. Leur réalisation colore toute notre conscience, colore toute notre vie, toute notre existence. Par exemple quand vous réalisez la compassion, la compassion colore toute votre vie, vous réalisez que vous êtes compassion.

P : *Si ces aspects font partie de notre nature intime, pourquoi avons-nous besoin de les réaliser ? Pourquoi ne vivons-nous pas ces aspects naturellement ?*

R: Selon Satranga, les chemins spirituels créés sont les simulacres du vrai chemin spirituel. Parce que **Chaque vie est un chemin spirituel**, nous sommes nés sur notre unique chemin spirituel. Nous commençons notre parcours spirituel unique pour accomplir notre vie, pour réaliser notre destin unique. Nous sommes nés avec les aspects essentiels comme potentialités. Ces potentialités deviennent réalités en contact avec la vie. Nous n'avons besoin de ne faire aucun effort que cela se produit. La vie s'en charge.

C'est justement la différence entre mes réalisations et les vôtres. Aucune réalisation sera la même, car chaque vie est différente, chaque parcours est différent. A chacun son destin !

La nature ne se répète jamais, elle se renouvelle toujours. Chaque être humain, tout en ayant la même nature essentielle, se manifeste de façon unique et authentique et réalise ainsi sa vie, réalise son destin. C'est une vie réussie. C'est le bonheur....

P: *Alors, où est le hic ?*

R: Dès son plus jeune âge, par les accidents de la vie, par les pressions sociales, et par d'autres facteurs extérieurs, l'individu se coupe de sa nature essentielle, se coupe de son parcours unique, de son unique destin. Cette coupure laisse un vide, un sentiment de défaillance et de manque. C'est le commencement de la souffrance...

P: *Oui, mais pourquoi et comment nous nous coupons de notre nature essentielle ?*

R: Contrairement à Faust, qui avait vendu son âme au diable de son plein gré, on nous a souvent obligé de vendre notre âme malgré nous aux conventions socio-religio-culturelles.

C'est ce que j'appelle le *grand dérapage* ! C'est ce que certains appellent conditionnement.

Vivant dans le monde des formes, nous oublions notre *essence,* cette étincelle divine, qui est la source et la substance de notre vie.

À la naissance, nous avons accès à une forme primaire et vierge de l'essence, comme potentiel, mais, en grandissant, et en développant une personnalité socioculturelle imposée, l'essence et ses qualités passent en arrière-plan. L'essence de l'enfant n'est pas entendue, n'est pas reconnue, n'est pas sollicitée, n'est pas appréciée, jusqu'à en être oubliée, enfouie sous les traits acquis, imposés, développés des modèles socioculturels de notre environnement ambiant. L'Essence est alors remplacée par les diverses identifications…remplacée par la personnalité, par l'ego.

Satranga appelle ce processus *l'obscurcissement de l'Essence.*

P: *L'obscurcissement ne signifie pas la perte ou l'absence?*

R: Non, l'obscurcissement signifie assombri, *voilé, caché, enfoui, réprimé*. L'image qui me vient, c'est l'ouverture d'un appareil photo. Moins l'ouverture est grande, moins la lumière pénètre.

L'obscurcissement est l'antonyme de l'éclaircissement ou de l'illumination. Vous avez sûrement entendu parler d'illumination dans les cercles spirituels. Nous cherchons l'illumination désespérément, partout, sans savoir que nous sommes par *Essence* nés *illuminés*, mais cette illumination est obscurcie, distancée, voilée. C'est la perte de contact. Réaliser notre *nature essentielle* libère notre lumière intérieure et illumine notre conscience, illumine chaque aspect de notre vie, illumine la vie autour de nous.

L'essence est subtile, délicate, fine, sublime comme un parfum rare, mais aussi noble et pudique. Si elle n'est pas reconnue, appréciée et exaltée, elle s'assombrit et ne se manifeste plus.

Le contact perdu avec l'Essence, nous laisse un sentiment de manque, de défaillance, d'obscurité, d'être inadéquat ou inachevé. L'obscurcissement de l'*Essence* est vécu comme une absence, comme un sentiment que quelque chose d'essentiel fait défaut, et cette absence se sent littéralement comme un *trou béant*, un *vide existentiel*, un *non-être*.

P: *J'espère que l'essence ne s'assombrit pas définitivement ?*

R: Heureusement que non ! Nous ne pouvons pas être coupés de notre *essence* ni définitivement, ni temporairement, parce que nous sommes *essence,* seulement l'essence ne brille plus, ne s'illumine plus dans notre conscience.

L'obscurcissement de l'essence est insupportable, l'individu y résiste et développe l'espoir erroné qu'elle peut être apaisée par l'acquisition des objets extérieurs. C'est le commencement du désir. C'est le fondement de l'ego, et de son idéal : l'ego idéal….

LA PERSONNALITE CHRONIQUE

P: *Qu'est-ce l'ego et l'ego idéal, ce sont des concepts pas très clairs.*

R: Quand nous sommes coupés de notre vraie nature, quand nous sommes coupés de notre parcours unique nous nous sentons perdus. Nous sentons un sentiment de vide, et une sorte de mal-être ambiant, un sentiment de défaillance... Nous créons une **image de soi défaillante,** c'est **l'ego.**

N'ayant aucune idée de comment retrouver notre parcours unique, nous créons des idées, des désirs, des suppositions. Nous croyons si nous avons ceci ou cela, et si nous devenons ceci ou cela, nous ne souffrirons plus. C'est le fondement de **l'image du soi idéal,** ou de **l'ego-idéal.**

Dès lors, tout acte humain devient une tentative pour remplir ce vide intérieur en réalisant l'ego idéal. L'ego idéal est un ensemble de fantasmes, de suppositions, de désirs nés dans l'esprit de l'enfant et développé tout au long de sa vie.

L'enfant développe une image de soi défaillante et invente un idéal du genre comment *Je dois être* pour ne plus souffrir ? Il invente l'image de soi idéale. Il se compare avec son image de soi réelle, tel qu'il croit être, par rapport de son image de soi idéale.

En Satranga cette dualité *image de soi* et *image de soi idéale* est appelé **personnalité chronique**. L'ego idéal est le fondement de la personnalité chronique. L'enfant puis l'adulte, croit *être* véritablement cette personnalité.

Cette personnalité chronique continue à se développer tout au long de la vie et devient la plaque tournante de la vie de l'individu et l'ego idéal devient sa référence absolue. La vie professionnelle, affective, sociale, et même spirituelle et philosophique est conditionnée par l'ego idéal. La vie n'est plus l'expression de sa plénitude, de son authenticité et de son dessein unique. La vie est gâchée.

P: *Vous croyez que notre engagement spirituel est inspiré par notre ego ?*

R: Oui souvent !

Pourquoi croyez-vous méditer ? Pourquoi voulez-vous changer ? Parce que vous n'êtes pas content de l'image que vous avez de vous-même, et parce que vous voulez ressembler à l'image idéale de vous-même, que vous avez fabriqué vous-même ! Calme, serein, lumineux, libre de tout problème…C'est le grand piège de la spiritualité. La pop spiritualité s'appuie sur l'ego idéal, c'est le grand secret du succès universel de la pop-spiritualité !

P: *Pouvez-vous illustrer par un exemple la perte de l'Essence et la formation de l'ego-idéal*

R: Par exemple, la valeur inhérente est un aspect de l'*Essence*. Quand cette qualité essentielle est obscurcie, nous nous sentons nuls. L'obscuration de la valeur inhérente crée une image de soi défaillante. L'expérience de cette défaillance est douloureuse. C'est le manque d'estime de soi, c'est le sentiment d'être moins que rien, c'est le sentiment d'être inintéressant. L'ego-idéal est créé pour résister à cette souffrance, et pour apaiser ce sentiment du manque, par exemple : il faut que *je sois important*, ou que *je sois intéressant*. Parfois cela devient : *je suis le plus important* !

P: *Oui, mais pourquoi nous perdons notre valeur essentielle ?*

R: La valeur inhérente est un aspect essentiel. Nous sommes nés avec le sentiment d'être unique et authentique. Enfants, nous savions cela. L'enfant sait qu'il est précieux, qu'il est lumineux, et il est aimé pour ce qu'il est.

Dès son plus jeune âge, il entend toute la journée, ce qu'il faut faire, et ce qu'il ne faut pas faire. Comment il faut être et ne pas être. Pour une raison ou une autre, pour une raison réelle ou fictive, ses parents lui transmettent l'idée qu'ils attendent de lui un comportement différent, par exemple être plus sage, plus propre, moins turbulent, et ceci innocemment, au titre de l'éducation.

L'enfant en conclut qu'il n'est pas aimé, tel qu'il est..., et qu'il y a quelque chose qui n'est pas bien en lui. C'est le fondement d'une image de soi. Ensuite, il crée une image idéale de soi, il *faut* être, comme ci ou comme ça pour enfin être aimé... C'est la racine de l'ego-idéal. Tout ce processus est innocent, inconscient, subtil, se situe au niveau non verbal, au niveau viscéral.

Ces premiers fondements de l'image de soi et de l'image idéale de soi deviennent des structures chroniques au fur et mesure que l'enfant grandit. En devenant adulte, il a toujours cette image de soi qu'il y a quelque chose de pas bien en lui, et un désir d'être autrement, différent, mieux, pour être aimé.

Ce n'est qu'un exemple. Il y a des milliers de possibilités pour perdre le sens de la valeur inhérente

P: *Que voulez-vous dire par chroniques ? Structures chroniques ?*

R: Structures chroniques signifie les structure fixes, structures permanentes, les schémas immuables qui fonctionnent sur le principe de stimulus-réponse.

P: *Donc la personnalité et l'ego se forment en prime enfance ? Nous sommes donc foutus dès le début !*

R: A la naissance, un enfant est un être essentiel, une présence pure. Les enfants sont nés heureux. Les enfants sont spontanés, plein de curiosités, ouverts, bienveillants. Ils avancent dans la vie sans jugement, sans encombrement des idées et des croyances. C'est cela qui nous fascine chez les enfants.

Un enfant est aussi une éponge. Comme il intègre son environnement, il commence à s'approprier les croyances et les idées de son environnement et ainsi devient un animal pensant. Au fur et à mesure que l'enfant grandit, la personnalité chronique commence à se développer, comme le résultat de l'interaction avec l'environnement, et particulièrement avec les parents et ce bien malgré eux. Les parents s'identifiant en général à leur propre personnalité chronique, ils ne reconnaissent, ni encouragent l'essence de l'enfant.

Ainsi, les structures chroniques de la personnalité commencent à se former dans la prime enfance. Peu à peu, nous perdons tout contact avec la présence et l'essence. Au fur et à mesure que notre structure psychologique se solidifie, notre contact avec l'essence est largement perdu et la personnalité chronique domine notre identité et notre expérience.

P: *L'ego idéal n'est il pas notre partie positive ?*

R: Il apparaît ainsi à l'œil nu, et un grand nombre d'approches psychologiques et de méthodes de développement personnel appuie sur ce coté positif, mais l'ego idéal est toujours un composant de notre ego. L'ego idéal est une sorte de fac-similé de l'essence !

P: *Est-ce que tout le monde perd son essence ?*

R: Personne ne perd l'essence, nous perdons le contact avec l'essence. Tout le monde perd le contact avec l'essence, notre véritable identité spirituelle, plus ou moins tôt sans exception. Bien entendu, il y a des degrés de perte de contact avec l'essence humaine, elle est peu à peu remplacée par les structures de pensées conditionnées qui forment sa personnalité. La personnalité chronique est un tissu de schémas dans lesquels nous réagissons en êtres conditionnés

P: *Vous appelez la personnalité chronique, ce que communément on appelle l'ego dans la plupart des traditions ?*

R: Oui et non !

Dans les traditions spirituelles, on parle sans cesse de l'ego, mais ce concept est vague, et est une idée générale. L'ego est considéré comme source de tous les maux, et responsable de toutes les misères de l'homme sans savoir ce qu'est l'ego ni comment il fonctionne.

Dans l'enseignement Satranga, nous avons une idée précise et reconnaissable de la personnalité chronique. La personnalité chronique est composée d'un ensemble des structures chroniques. Une structure chronique est une structure fermée, fixe, composée de pensées, de croyances, de conclusions, d'images, de mémoires…etc.

Une structure chronique d'identité est complexe avec ses propres valeurs physiques, psychologiques et comportementales. Ces structures nous conditionnent à réagir en fonction des comportements mis en place lors d'événements passés, elles sont donc inadaptées aux situations du présent, et ne favorisent pas l'action et le comportement justes.

P: *Vous croyez que l'ego est seulement une collection de structures de pensées ?*

R: L'ego apparaît solide et tangible, mais il n'est que virtuel, une collection d'images et de pensées à propos de soi-même et de sa propre importance. Il apparaît tellement réel que nous croyons l'être, et il commence à nous gouverner. Les structures chroniques sont les habitudes psychiques. Elles fonctionnent sur le principe de stimuli-réponses. Une structure chronique est comme un programme informatique. Nous avons d'innombrables structures chroniques dans notre conscience. Parfois une seule structure est active, parfois plusieurs structures sont en interaction. Dans notre vie, nous allons d'une structure à une autre sans cesse.

P: *Se libérer de son ego est un des buts de tous les enseignements spirituels. Que proposez-vous pour cela ?*

R: La connaissance de Soi est de savoir **ce que je suis**, ma vraie nature, et de savoir **ce que je ne suis pas**. Pour se libérer de l'illusion de l'ego, nous devons réaliser ce qu'est l'ego. Nous devons nous familiariser avec l'ego et son fonctionnement. Nous devons activement nous en désidentifier. Nous devons penser à une autre perspective, nous devons agir différemment.

Quand nous sommes pris dans une structure d'ego, nous ne savons pas, ou nous oublions que nous sommes dans une structure d'ego. Nous croyons que c'est nous, c'est notre action, nos émotions, nos pensées, nos attitudes. Savoir et reconnaître que nous sommes dans une structure d'ego nous libère.

L'ego existe parce qu'il remplace l'essence. Vivre c'est être essence. La vie spirituelle c'est vivre en exaltant et en exprimant l'essence.

Satranga est un enseignement de connaissance de Soi. Il est élaboré pour nous conduire à travers le labyrinthe de notre personnalité chronique, de notre ego et de nos illusions, à la rencontre de notre essence, avec le minimum de souffrance et le maximum d'efficacité.

LA METHODE DE SATRANGA

P : *Est-ce que la réalisation de notre essence est longue? Est-ce que cela demande beaucoup d'efforts ?*

R : Malheureusement, notre esprit n'est pas livré avec un bouton *RESET* qui pourrait nous permettre d'effacer tout instantanément, et recommencer. Mais nous pouvons facilement nous restaurer à la *condition d'usine* par une méthodologie efficace. C'est finalement la seule fonction d'un enseignement spirituel comme Satranga !

Nous travaillons patiemment, pour que chaque aspect de l'Essence puisse éclore complètement et librement dans la conscience. Réaliser l'essence, c'est le travail de toute une vie. Je vous conseille de commencer le plus vite possible.

P: *Toute une vie, cela me paraît un peu long à mon goût ! N'y aurait-il pas des méthodes un peu plus courtes ?*

R: La question de courte ou de longue durée ne se pose pas dans le domaine spirituel. Nous ne nous engageons pas en spiritualité pour une durée déterminée. C'est un contrat à durée indéterminée. La spiritualité est une dimension de la vie. En vous engageant dans la spiritualité vous ajoutez une dimension de plus dans votre vie, et cela pour toujours.

P : *Quel moyen technique utilisez-vous pour accéder à la connaissance de Soi et réaliser l'essence ?*

R: Satranga propose une méthodologie précise et un travail sophistiqué. La méthode principale de Satranga est *l'exploration*, l'exploration dans notre propre conscience, dans notre propre expérience. La méthode d'exploration Satranga aide à la reconnaissance et à la réalisation des aspects essentiels en travaillant à travers les conflits et les jeux conscients et inconscients qui obscurcissent leur manifestation naturelle. Mais nous intégrons la *méditation*, la *contemplation* et la *réflexion* également comme les éléments de notre méthodologie.

P: *Enseignez-vous une technique de méditation ?*

R: Oui, j'enseigne la méditation, mais je n'enseigne pas nécessairement une technique de méditation…

P: *Vous enseignez la méditation, mais vous n'enseignez pas une technique de méditation ! Je ne comprends pas.*

R: Il y a d'innombrables techniques et méthodes de méditation. Chaque école, chaque enseignant a sa propre méthode. Il est donc légitime que vous me posiez la question : *Si chaque enseignant a sa méthode de méditation, quelle est celle de Satranga* ?

En effet, je n'ai aucune méthode de méditation, car je ne considère pas la méditation comme une technique ou méthode, mais comme un *état* ! **L'état de méditation** !

Cet état de méditation est un état pur, une Présence pure. C'est l'état naturel quand nous ne sommes pas identifiés avec l'ego, avec les structures de pensées conditionnées, quand nous ne sommes pas dans nos structures chroniques d'ego.

Dans l'état de méditation, nous sommes dans un sens d'expansion, de largesse, et la vie apparaît grandiose, apparaît être une chance, une occasion pour apprendre, et découvrir. Un espace où tout est possible...

P: *Tous les enseignements spirituels proposent des techniques de méditation. Pourquoi pas vous ?*

R: Comme je viens de vous dire, la méditation est un état. Et personne ne peut vous apprendre cet état…

P: *Alors, pourquoi tous les enseignements spirituels proposent et insistent sur une sorte ou l'autre de méditation ?*

R: Ce que nous appelons méditation en Occident n'est pas la méditation. C'est une tentative d'accéder à l'état de méditation. C'est souvent une forme ou une autre de concentration, appelée *Dhyana* en Inde. Dhyana est un des quatre composants du Yoga. Cette pratique est supposée amener ou était supposée amener une personne à l'*état de méditation*. Mais ce n'est pas la méditation.

P: *Est-ce que la pratique de la méditation peut amener à l'état de la méditation?*

R: Dans la pratique de la méditation, le plus important n'est pas la méditation, mais l'important est le fait de s'asseoir. La méditation est l'art de ne rien faire. Habituellement, nous avons si peu de temps disponible pour respirer, pour s'occuper de nous-mêmes. Nous sommes sous la pression permanente et le stress de longues heures de travail et de transport nous épuisent. Une habitude régulière de s'asseoir et de ne rien faire peut-être grandement bénéfique. Qui pourrait en effet nier cela ?

En Occident, nous considérons que ne rien faire est une *perte de temps*, nous ne sommes plus coutumiers de faire la sieste, de prendre une pause, de nous asseoir en silence, encore moins de méditer. Alors qu'en Orient, il est normal de s'asseoir collectivement, de méditer en groupe, de prier ensemble...

Savez-vous que notre cerveau est composé de plus de cinquante pour cent de cellules que l'on nomme *astrocytes*. Et des recherches récentes indiquent qu'elles ne s'activent que lorsque nous... faisons silence !

P: *Vous reconnaissez tout de même l'importance de la pratique de la méditation quotidienne ?*

R: Oui, je reconnais l'importance et les bienfaits de la pratique de la méditation. Vous devez savoir ce que vous cherchez. Cherchez-vous un recul vis-à-vis de la vie ? Cherchez-vous un moment de paix et de repos ? Ou cherchez-vous l'évolution spirituelle, la réalisation, la transformation ? Vous pouvez pratiquer toutes sortes de concentrations, de respirations, de postures, de relaxations, et toutes ces pratiques seront bénéfiques. La pratique de la concentration peut certainement donc être une approche fabuleuse pour avoir un recul vis-à-vis de la vie chaotique et complexe de notre époque, et pour trouver un refuge dans des zones plus calmes et spacieuses pour notre mental. C'est pourquoi les enseignements spirituels ont toujours recommandé l'une ou l'autre forme de concentration comme pratique, pour permettre à l'esprit de retrouver le repos, le silence et la paix, afin de pouvoir réfléchir et contempler.

Satranga propose aussi au sein de son enseignement certaines pratiques de centrage, de corporalité, d'enracinement, de concentration... Mais toutes ces pratiques n'ont rien à avoir avec la méditation, avec l'état de méditation.

Ce que dit Satranga, c'est que ces pratiques, tout en étant bénéfiques, n'ont rien à voir avec la spiritualité. Elles n'ont rien à voir avec la *réalisation spirituelle*. Tout comme se brosser les dents tous les jours est bénéfique… Mais cela n'a rien à voir avec la spiritualité !

P: *La méditation est tout de même la base de toute spiritualité ?*

R: Oui, la méditation est la base de toute spiritualité, mais pas la pratique de la méditation. Le yoga est un ensemble d'activités, notamment la relaxation, la concentration, la contraction et la respiration. Le yoga est né en Inde, certainement dans les ashrams et dans les monastères hindous et pratiqué depuis des millénaires par les aspirants spirituels. Né et pratiqué dans les monastères ne lui confère pas nécessairement une dimension spirituelle.

Le yoga a toujours été une activité annexe, une activité d'hygiène physique et mentale pour ceux qui se donnent à fond dans leur recherche et réalisation spirituelle.

La spiritualité actuelle est à la portée de tout un chacun. Mais ce n'était pas toujours le cas. La religion était l'affaire de tout le monde mais la spiritualité, la recherche spirituelle était réservée seulement à quelques élus. Ces aspirants spirituels souvent prenaient le célibat, vivaient dans les monastères et dans les ashrams autour d'un maitre ou un guru. Leur activité principale était toujours la quête de la vérité et l'exploration de Soi.

Avec la démocratisation de la spiritualité, la vraie activité, la vraie pratique de quête et de réflexion spirituelle s'est perdue peu à peu et les activités annexes sont devenues des activités principales.

Actuellement, la majorité des mouvements spirituels sont fondés sur les activités annexes. Satranga tente de remettre les choses à leur place.

La pratique de la concentration est une approche sublime, comme celle de la relaxation, de la contraction et de la respiration, mais elle est insuffisante pour exposer à la grande lumière les pensées, les sentiments, les croyances, les mémoires, sources profondes de notre expérience. Seule l'exploration peut le faire.

P: *Pour moi, comme pour beaucoup d'autres, la méditation rime avec le verbe faire, plutôt qu'avec le verbe être ! Faire la méditation ou méditer... et **ça fait du bien** !*

R: Oui, c'est la version populaire de la méditation. Oui, ça fait du bien. Beaucoup de choses font du bien. Courir fait du bien, lire de la poésie fait du bien, écouter la musique fait du bien……La spiritualité, ce n'est pas nécessairement s'engager dans des activités qui font du bien. La spiritualité est de connaître la vérité, la réaliser, sonder le mystère….

P: *Mais les gens proclament créer la paix, la sérénité et l'unité par la pratique de la méditation, sont-ils en illusion ?*

R: Il est habituel de commencer notre parcours spirituel par l'application de méthodes ou techniques, comme la concentration. Nous pensons pouvoir atteindre la paix, la sérénité et l'unité par ces méthodes. Ces pratiques et techniques peuvent effectivement nous procurer ou recréer en nous un moment de paix, de sérénité et d'unité. Mais la spiritualité n'est pas une tentative de *créer* la paix, la sérénité et l'unité…ou toute autre qualité ou pouvoir. La spiritualité permet de *réaliser* la paix, la sérénité et l'unité qui est inhérente à votre nature.

Le but de la spiritualité n'est pas de *créer* ceci ou cela. En voulant créer ceci ou cela, nous oublions tout simplement que nous sommes un être spirituel vivant une expérience humaine. Nous oublions que nous sommes ce que nous cherchons. Nous sommes cette *unité*, nous sommes ce *mystère*, nous sommes cette *sérénité*. C'est notre *nature intime*, et elle est toujours là, présente.

P: *En Occident, actuellement, la méditation est synonyme de spiritualité.*

R: En Occident très peu de gens sont vraiment intéressés par la spiritualité, mais ils veulent avoir une posture spirituelle. La *spiritualité populaire* comprend bien cette tendance et propose aux centaines et milliers de gens l'illusion d'être spirituel et de se sentir important, et ainsi satisfait leur ego.

P: *La méditation est présentée comme étant une technique quasiment magique qui peut résoudre tous les problèmes physiques, mentaux, émotionnels...*

R: La méditation n'a jamais été une méthode pour résoudre les problèmes ! Dans la spiritualité populaire, la méditation est souvent présentée et enseignée comme méthode servant à transcender les problèmes de toutes sorte, les émotions et ressentis désagréables, à dépasser les pensées dérangeantes. Ainsi la méditation devient médication, une sorte de Prozac psycho-spirituel !

L'idée que nous pourrions éviter de cette manière nos préoccupations, nos émotions et ressentis inconfortables et rester zen est un espoir souvent déçu.

Contourner nos pensées et nos émotions ainsi est une grande erreur. Cela nous ferme la porte de réflexion et limite notre compréhension. *Pratiquer* la méditation pour éviter des situations de vie non satisfaisantes ne devient qu'une défense et une résistance à la vérité.

P: *Entre la vérité et le confort, les gens choisissent le confort.*

R: Ne généralisons pas. Entre la vérité et le confort, certaines personnes choisissent le confort, c'est vrai, mais pas toutes. Il existe encore des gens qui sont animés par l'amour de la vérité !

Pratiquer la méditation pour maîtriser notre vécu intérieur est souvent contre-productif. Nous pouvons bien observer scrupuleusement le rituel de la méditation, et continuer cependant à être dans la souffrance et le mécontentement. Ceux qui se livrent à la méditation dans cette optique peuvent se fourvoyer dans des fantasmes et des imaginations. Ils peuvent connaître l'expérience d'un confort temporaire. Cela peut réduire le stress, mais seulement momentanément, car ce n'est pas le *processus de transformation spirituelle*, changement durable et d'évolution personnelle.

P: *Parfois, n'avons-nous pas besoin de certaines pratiques pour nous discipliner ?*

R: Satranga ne vous dira pas que vous devriez faire ceci ou cesser de faire cela. Nous ne sommes contre aucune pratique ! Satranga n'est pas une voie d'*ordonnance*, ce n'est pas une voie de *prescription* ; il ne vous dicte pas ce que vous devez faire, quelle attitude serait juste, quel comportement, quelle méditation, quelle technique il y aurait lieu d'adopter... C'est la voie de la *description* qui vous montre les potentiels extraordinaires de votre esprit et ses enjeux, et dévoile le brillant système opératoire humain. Voir cela est plus efficace que toutes les techniques du monde.

MENTAL, CET INCONNU !

P: *Donc, pour vous, la méditation est un* **état d'Être** *! Ce n'est pas une pratique.*

R: C'est bien cela ! La méditation est l'art de ne rien faire. La méditation, telle que la définit Satranga, n'est pas une autre activité, une autre forme de *faire* ou encore un exercice de la pensée.

La méditation est une présence, un état de présence. La méditation est une attitude de l'attention. L'attention est une présence. L'attention est un attribut de l'esprit. L'attention est un organe de la conscience. La conscience utilise l'attention pour avoir toute expérience. L'attention, s'identifiant avec certaines pensées ou structures de pensée et de croyance crée l'expérience. L'attention peut avoir l'expérience de toute pensée, aussi bien que d'aucune. Quand l'attention n'est pas identifiée avec une pensée ou structure, elle est pure présence, elle est en état de méditation.

P: *Est-ce que la méditation est un **état sans pensée** ?*

R: Non, ce n'est pas exactement un état sans pensée, mais plutôt un état antérieur à la pensée. Dans le flux de la méditation, toute la connaissance est présente et disponible, mais l'attention n'est identifiée avec aucune connaissance.

Grand nombre des chercheurs spirituels considèrent la méditation comme l'absence de pensée. L'expérience de la méditation n'a rien à avoir avec de l'absence de pensée. En méditation, vous pouvez être présent et présent à la présence des pensées…

La pensée est une activité de l'esprit. Elle ne peut pas s'arrêter. Elle peut seulement passer en dehors de la lumière de l'attention. Même en dehors la lumière de l'attention, l'activité continue. Et en dehors de la lumière de l'attention, l'activité est encore plus intense.

Autrement dit, dans la méditation, vous laissez l'activité de votre esprit tranquille et la laisser fonctionner toute seule. Tout comme l'activité de votre corps, l'activité de l'esprit continue et fonctionne à la merveille sans vos interventions conscientes. Comme vous ne vous préoccupez pas de votre digestion après avoir mangé, vous ne vous préoccupez pas de l'activité de votre esprit.

En dehors de la lumière de l'attention les informations se brassent, se croisent, les circuits se forment et donnent naissance à des idées neuves, à des inspirations originales, à des compréhensions inédites et produisent encore plus de pensées nouvelles, d'idées inédites, d'inspirations créatives, et de compréhensions éclairantes…., et vous surprennent, vous illuminent !

P: *J'ai toujours entendu que la méditation est une manière d'arrêter les pensées ! De se débrancher du mental !*

R: Avez-vous déjà essayé d'arrêter vos pensées ?

Nous ne pouvons pas empêcher les pensées et les croyances de se manifester dans notre conscience. Si vous avez déjà tenté de le faire, vous savez que cela est impossible.

Et ce n'est pas nécessaire non plus ! Ce qui est nécessaire, c'est de comprendre que les pensées n'ont aucun pouvoir en elles-mêmes, autre que le pouvoir que nous leur donnons. Les pensées n'ont aucune signification autre que celle que nous leur attribuons.

Dans l'état *de méditation,* nous sommes dans un espace grand ouvert de notre conscience, grand ouvert comme du ciel, sans nous soucier des pensées, des sentiments ni des émotions qui le traversent. Les pensées, les sentiments et les émotions sont comme les oiseaux qui traversent le ciel de notre conscience sans laisser de traces ! Mais parfois certains oiseaux font leur nid dans notre conscience….ce sont les structures chroniques !

P: *La plupart des enseignements condamnent le mental et rendent notre pensée responsable de notre condition ?*

R: Oui c'est vrai. Le mental est souvent mis entre parenthèses dans le discours spirituel traditionnel. La pensée critique est souvent critiquée, la capacité de connaissance et de discernement n'est pas appréciée. Le mental est montré du doigt, car la souffrance et la peine sont associées au mental. Satranga n'a pas cette vision du mental ni de la pensée.

Il est important de comprendre le rôle de notre pensée, de notre mental, de notre connaissance. Peut-on reconnaitre, savoir, réaliser ce que nous sommes sans notre mental ? Pourriez-vous comprendre ce que je dis sans votre mental ?

Le mental est la capacité de penser, de discerner, de connaître, de savoir. Sans le mental, il n'y aurait aucun enseignement. Sans la connaissance, sans la pensée nous ne pourrions pas communiquer les méthodes, nous ne pourrions pas donner des instructions. Nous ne pourrions pas articuler la carte du territoire. Nous ne pourrions pas expliquer comment approcher notre expérience. Tout cela demande compréhension et connaissance.

P: *Les maitres Zen disent : No Mind…… Les maitres d'advaita disent : All Knowledge Is Bondage. Vous faites l'éloge du mental, vous exaltez la pensée. Cela m'étonne !*

R: Les maitre Zen arrivent dans le Dojo par la porte. Comment savent-ils qu'il faut passer par la porte et non pas par la fenêtre ?

Tout savoir nous limite, c'est déjà un savoir. N'est-ce pas ?

Le problème n'est ni le savoir, ni le mental. Le problème est notre relation avec le savoir et avec le mental. Le problème n'est pas le mental, mais le problème est de quel mental nous parlons ? Quelle pensée ? Quelle connaissance ?

Satranga clairement fait la distinction entre le mental conditionné et le mental illuminé, mais aussi entre une **pensée contaminée** et une **pensée authentique**, entre une **connaissance livresque** et une **connaissance vécue**. Le problème n'est pas la connaissance, le problème est comment nous l'utilisons.

Nous sommes des êtres humains, et l'être humain aime connaître. C'est notre nature. La spiritualité est une connaissance, mais ce n'est pas seulement une connaissance apprise, c'est aussi une connaissance révélée, découverte, reconnue. Cette connaissance illumine le mental. Un mental illuminé est l'instrument de la sagesse. La spiritualité ce n'est pas l'absence de pensées, c'est le discernement entre les pensées authentiques et les pensées conditionnées.

Sans le savoir, sans le mental, nous ne pourrions pas fonctionner dans notre vie, dans ce monde. Nous deviendrions un légume. Devenir un légume n'est pas l'aboutissement d'une démarche spirituelle, surtout pas pour Satranga.

Nous n'avons pas besoin de changer nos pensées, ou de nous débarrasser d'elles. Nous avons besoin de changer notre relation avec elles.

MEDITATION, CONTEMPLATION, REFLEXION

P: *Vous avez évoqué la méditation, la contemplation et la réflexion. Comment les distinguez-vous ?*

R: *Nous sommes des êtres spirituels vivant une vie humaine.* Vous m'avez déjà entendu dire cela à plusieurs reprises. Ce n'est pas une phrase que je prononce pour faire joli. Je le dis parce que c'est un principe important de Satranga. Cela veut dire que notre conception, notre formation est si parfaite que si nous ne nous en mêlons pas, si nous n'intervenons pas, elle fonctionne à merveille. La méditation est l'expression de ce fonctionnement optimal. C'est notre état naturel. Et si nous ne sommes pas dans cet état de méditation, c'est qu'il y a des phénomènes qui nous en empêchent !

L'état de méditation est un état de cohérence. C'est un état d'alignement, un état d'harmonie, un état de félicité. Tout est en harmonie avec tout, tout est aligné avec tout. L'âme est en alignement avec le corps, le corps est aligné avec l'esprit, l'esprit est aligné avec la connaissance. C'est l'état de flux, l'état d'afflux, tout coule de source. Et nous savons cela dans cet état de méditation !

La méditation, cet espace, cette *pure présence* dans certaines traditions, est appelée *l'élixir du bonheur*, ou encore *l'ultime médecine, l'ultime remède*. La chaleur de cet espace guérit le corps et l'esprit. Dans cet espace, nous sommes en état de flux, de créativité, nous produisons un très haut niveau de performance et d'excellence. Les relations vécues dans cet espace s'infusent de connexions, d'intimités et d'amour. Lorsque nous explorons cet espace profondément, nous nous rapprochons immanquablement du divin, même si nous n'y croyons pas ! Vivre la vie ancrée dans cet espace de méditation est la vie spirituelle.

L'état de méditation est contraire à l'image populaire d'une femme ou d'un homme assis en tailleur, les yeux fermés à ne rien faire. L'état de méditation est activement passif ou plutôt passivement actif. Quand nous accédons à cet état de méditation et de grâce épisodiquement, temporairement ou de manière permanente, nous avons à notre disposition deux possibilités. Soit nous sommes dans l'expérience de la contemplation, soit nous sommes dans l'expérience de la réflexion.

La contemplation c'est le flux qui va de l'extérieur vers l'intérieur. C'est voir le monde, voir l'autre, tout en demeurant dans l'état de méditation. La contemplation c'est écouter l'autre, écouter le monde, écouter la musique de l'univers, purement, simplement, sans intermédiaire des structures chroniques, sans rien ajouter de commentaire, sans interprétation....

Et la réflexion est le mouvement contraire. La réflexion c'est le flux de l'intérieur vers l'extérieur. L'intelligence universelle est la source des pensées nouvelles, des pensées authentiques. L'énergie créative fait partie de notre intelligence. La réflexion est une écoute profonde de cet espace où existent toutes les réponses, tous les mystères...

Dans cet état passivement actif, il y a toujours quelque chose qui se produit, et complète quelque chose que vous ne savez même pas qu'il manquait !

Le divin se révèle dans cet espace de méditation. Dieu nous parle dans cet espace. Nous allons d'un mystère à un autre, d'une réalisation à une autre, d'une révélation à une autre, sans fin, sans finalité. Ainsi, notre vie devient une aventure, un voyage infini dans le divin. C'est cela, la vie spirituelle !

Il n'y a jamais de fin à ce que nous pouvons découvrir, à ce qui pourrait se révéler dans cet espace intérieur de la méditation. Nous vivons en permanence sur le seuil de l'inconnu, l'inconnu devenant connu !

P: *Finalement, la méditation, la contemplation et la réflexion sont les différents aspects d'un même phénomène !*

R: Absolument. Nous ne savons déterminer où commence la méditation, où commence la contemplation ou la réflexion, car c'est une dynamique non fragmentaire et continue.

La méditation est notre état naturel. C'est l'état d'acceptation radicale. C'est l'état de non-intervention. C'est l'espace du *plein potentiel*, de paix, de sérénité, d'amour et de sagesse. La contemplation, c'est vivre le monde, écouter la musique du monde, rencontrer l'autre en demeurant dans cet espace. La réflexion, c'est sonder cet espace pour découvrir les infinis mystères qu'il recèle !

P: *La méditation, comme vous décrivez et l'essence sont la même chose ? Quel est le lien entre la méditation et l'essence ?*

R: La méditation est un état de présence, un état d'ouverture. L'essence ou les aspects essentiels sont le reflet de divin et ne peut être connu et se manifester seulement dans cet état de méditation. Dans l'état de non-méditation qui est l'état de conditionnement, nous somme coincés dans un circuit fermé des structures chroniques d'ego, de pensées conditionnées, de croyances et de réactions et totalement coupés de notre essence.

Réaliser l'essence, réaliser les aspects d'essence, c'est réaliser le Soi, c'est réaliser Dieu, c'est réaliser la vérité. L'état de méditation est une condition nécessaire pour que l'essence se réalise, se manifeste. Dans l'état de méditation, de contemplation ou de réflexion, l'essence se manifeste naturellement, sans effort ou volonté et illumine notre vie.

P: *Je suis tout à fait séduit par votre description de l'état de méditation! Maintenant, la question est : Comment accéder à cet état de méditation ? Peut-être par la pratique de la méditation... ?*

R: Ne serait-il pas merveilleux de demeurer dans cet état de méditation à chaque instant de notre vie ?

Pour atteindre cet état de grâce, nous n'avons rien à faire. Cet état de méditation est la nature de notre esprit....

P: *Mais il faut faire quelque chose pour arriver à cet **état de grâce** ?*

R: Non, vraiment non. Nous n'avons rien à faire pour accéder à cet état de **grâce**. Cela paraît incroyable, mais c'est vrai. Pour être dans l'état de méditation, vous n'avez besoin de rien faire car c'est votre état naturel, par contre pour être dans un état de non-méditation vous êtes obligé de faire énormément de choses....

P: *Nous devons alors attendre qu'un jour l'état de méditation nous tombe dessus ?*

R: Oui, c'est presque ça ! Dans le langage oriental de la spiritualité, l'état de méditation est souvent appelé **Leïla**, la *bien-aimée*. La méditation est la *bien-aimée* qui ne répond pas à une invitation, et encore moins à l'insistance et à la contrainte. Nous ne pouvons pas prendre rendez-vous pour la rencontrer. La *bien-aimée* vient par surprise, le jour où nous l'attendons le moins.

Cet état de grâce, c'est comme un papillon qui vole. Plus nous courons après, moins il y a de chances de l'attraper. Ce n'est que si nous restons en silence sans bouger, sans courir après, qu'il finira peut-être par se poser sur notre épaule.

Vous ne pouvez rien faire pour y entrer ! Et surtout, n'essayez pas de faire toutes sortes de choses que vous auriez apprises. Cela ne servirait à rien. Vous ne pouvez pas entrer dans cet espace par volonté ou en forçant la porte. C'est impossible. C'est comme si vous forciez la main de Dieu ; c'est impossible.

P: *Pour vous la spiritualité est d'attendre patiemment, sans rien faire ! Votre technique de méditation est* **Inch-Allah***!*

R: Non, pas exactement. Tout ce que vous pouvez faire, c'est **préparer la maison**. Allumer les bougies, parfumer la demeure en attendant. Vous préparez à accueillir dignement la bien-aimée, lorsqu'elle se présente à votre porte… Et pourquoi ne se présenterait-elle pas, si vous êtes un vrai **Majnoun**, éperdument amoureux de Leïla, si votre amour est sincère ?

P: *Nous tournons en rond ! Encore une fois, la question à dix millions de dollars est : Comment préparer la maison ? Qu'est-ce qu'il faut faire, et comment le faire ?*

R: Non, nous ne tournons pas en rond, nous avançons !

Préparer la maison signifie créer l'espace pour la bien-aimée, enlever tout ce qui est de trop, balayer les choses inutiles. Préparer la maison signifie l'amour de la vérité. Nous éliminons tout ce qui n'est pas la vérité, tout ce qui est de trop, tout ce qui est ajouté !

La seule chose que vous puissiez faire, si vraiment vous voulez faire quelque chose, c'est d'abord être conscient que vous n'êtes pas dans cet espace de méditation. Ensuite, c'est être conscient que, si vous n'y êtes pas, c'est que vous êtes ailleurs, dans un autre espace. Accepter d'être dans cet autre espace, sans le rejeter, sans le mépriser, sans y résister, sans vouloir en sortir. C'est l'acceptation radicale. C'est là que commence l'exploration. Explorer cet état de non-méditation nous amène dans l'espace de méditation.

L'**exploration Satranga** est notre méthode pour préparer la maison !

L'approche méthodologique de Satranga est très simple. Il ne peut y avoir que deux possibilités dans la vie d'un aspirant spirituel. Soit, nous vivons l'expérience de l'état de méditation, l'état de grâce, l'état d'alignement, l'état de félicité, qui est l'état naturel de l'être humain. Soit, nous vivons un état de non-méditation, qui est l'état modifié et abruti de la conscience.

Si nous sommes dans un état de non-méditation, comme la plupart de nos contemporains, notre seul travail est de faire l'exploration, d'explorer cet état de non-méditation pour découvrir comment nous créons et perpétuons cet état de non-méditation. Nous devons continuer la pratique de l'exploration, tant que nous tombons dans l'état de méditation.

Ce processus peut prendre une heure, un jour, un mois, une année ou toute une vie.

L'EXPLORATION EST UN REGARD

P: *Donc, l'exploration est votre méthode principale. Mais qu'est l'exploration exactement ?*

R: Il est fort difficile de parler de l'exploration avec des mots, au moins aussi difficile de parler que de la danse ou de la musique avec des mots. Mais il est beaucoup plus facile à enseigner l'exploration, il est beaucoup plus facile à apprendre l'exploration, il est beaucoup plus facile à pratiquer l'exploration. L'exploration Satranga engage notre corps, notre cœur, notre âme et notre conscience. L'exploration nécessite une **initiation**.

L'exploration est synonyme de questionnement, d'enquête, de réflexion. Le mot anglais pour exploration est *inquiry ou Self-inquiry,* en sanscrit c'est *atma-vichara* et en arabe c'est *teskia-al-nafs.* Le but de l'exploration est simplement de **voir**, de comprendre notre monde intérieur, de réaliser comment nous fonctionnons.

Satranga est un voyage de *compréhension* et *d'éclaircissement*, un voyage *d'enchantement et d'émerveillement.* L'exploration est le *véhicule* de ce voyage ! Comme une sorte de vaisseau spatial pour traverser notre intériorité, pour traverser l'espace de notre conscience.

L'exploration Satranga est un processus qui vous permet de plonger dans les profondeurs de qui *vous êtes*. Il ouvre votre propre mystère, et permet de trouver vos propres réponses. L'exploration vous démontre que vous êtes le portail de l'immensité infinie de la grâce Divine.

P: *L'exploration n'est-elle pas synonyme d'introspection ? L'exploration et l'enquête me paraissent un acte plutôt intellectuel ?*

R: L'exploration Satranga est un savoir-faire holistique. Il engage le corps, le cœur, le mental. C'est une approche pour travailler sur les questions qui n'ont pas de réponse intellectuelle.

L'exploration Satranga n'est pas un acte intellectuel, c'est une plongée dans notre sensibilité vibratoire !

L'exploration pénètre les formes, permet de savoir ce qu'elle contient. L'exploration est la clé qui ouvre la malle au trésor ! L'exploration Satranga ouvre les portes secrètes de la sagesse et de la révélation, elle nous oriente vers un plus, au-delà de la pensée et du sentir, dans des expériences préverbales, dans des expériences pré-conceptuelles. Ces expériences nous révèlent l'unique sens et la signification de notre vie.

L'exploration Satranga nous facilite l'accès à l'information précise et franche qu'aucun maître ou livre ne peut nous faire approcher. Nous voyageons dans les zones d'expérience où existent l'inspiration originale, l'éclaircissement, la **réponse**.

Et bien sûr, dans cette approche de l'exploration, nous utilisons aussi notre intellect. Notre esprit pensant est l'un des instruments sur le tableau de bord de notre *vaisseau spatial* d'exploration, tout comme nos sensations et les ressentis dans le corps, les émotions dans notre cœur. Nous utilisons toutes les parties de notre univers expérientiel dans l'exploration. Nous sondons notre expérience avec curiosité, audace, amour de la vérité, et les autres attitudes et les compétences que nous aurions apprises pendant l'initiation. Notre expérience se déploie, se déroule, et révèle de plus en plus de son sens et de sa signification.

L'exploration est un acte d'amour, d'amour de la vérité et d'amour de la connaissance. Nous pratiquons l'exploration avec *révérence*. Chaque fois que nous essayons l'exploration, nous faisons une déclaration d'amour envers le Soi. Chaque fois que nous faisons une investigation dans notre propre expérience, nous renforçons notre connexion avec notre *nature essentielle*.

P: *Réaliser notre nature essentielle est la finalité de Satranga. Réaliser notre nature essentielle est donc le but de l'exploration ?*

R: La compréhension, la réalisation, l'éclaircissement sont les fonctions de l'exploration…l'exploration est le processus, la compréhension est le résultat, et la transformation en est la conséquence… L'exploration que propose Satranga, dans la réalité immédiate de l'expérience, conduit à la réalisation de *l'essence* et de la *Présence*.

P : *La réalisation est simplement la compréhension ?*

R: Oui. Mais la réalisation est beaucoup plus que cela. Bien sûr, la réalisation signifie *compréhension*, mais une compréhension à un autre niveau qu'intellectuel. La réalisation est une compréhension viscérale, dans les tripes. La vraie compréhension est un ressenti. Parfois, vous comprenez, mais vous ne savez pas comment vous comprenez, et vous ne pouvez pas expliquer ce que vous comprenez et comment vous comprenez, mais vous savez que vous comprenez. Vous savez dans vos tripes !

L'exploration permet de voir la connaissance comme connaissance, la vérité comme vérité et l'illusion comme illusion, De voir comment l'illusion est créée, et comment elle nous piège quand nous la prenons innocemment pour réalité. Et c'est ce **voir**, cette vision qui change, transforme et guérit l'être humain.

La réalisation est aussi une connaissance. La réalisation est d'un niveau de connaissance supérieur à la connaissance intellectuelle. La réalisation est aussi appelée *vision intérieure*. Le mot en anglais est *: insight*. Le cœur de toute réalisation est la transformation de notre expérience et de notre vision du monde. Parfois, cette transformation se produit sans que nous en soyons conscients, mais cela change notre vie !

P: *Y a-t-il plusieurs niveaux de réalisation ?*

R: Oui, les réalisations sont infinies, inépuisables, parce que le mystère de la vie est infini, inépuisable, que ce soit dans les phénomènes extérieurs ou dans les phénomènes intérieurs. Chaque réalisation vous bouleverse, vous enchante, vous enrichit, vous éclaire, vous illumine, jusqu'à l'infini mais n'est jamais la dernière.

Votre vie spirituelle est une voie royale sans destination aucune. C'est un chemin unique incrusté des gemmes précieuses. Les perles et les joyaux que vous trouvez et que vous ramassez sur ce chemin sont uniques aussi. Ce sont vos *réalisations*. C'est le seul trésor, la seule richesse dont vous pouvez être sûr !

P: *La réalisation est aussi une découverte, une révélation ?*

R Oui, la réalisation, c'est aussi *découvrir*. La réalisation vous révèle des faits ou des vérités et des réalités préexistantes. C'est ça, *découvrir* des vérités et des réalités préexistantes d'un aspect de la vie, des lois ou des principes concernant les choses, la nature, les êtres humains… d'où aussi le terme *révélé*.

P: *Réalité préexistante ? Je ne comprends pas !*

R: Newton n'a pas inventé la gravitation : elle existe depuis que la Terre est Terre. Newton a réalisé, compris, découvert une réalité, déjà existante.

P: *Votre discours me fait penser à mon maître spirituel André, qui écrit le mot découvrir en deux mots :* **dé-couvrir**, *dans le sens d'enlever une couverture, par exemple.*

R. Absolument. Découvrir, c'est réaliser ; c'est *Voir* avec un *V* majuscule. Vraiment voir…connaître !

P: *Est-ce que tout le monde a la même capacité de réalisation, ou faut-il la développer ?*

R: La réalisation est une capacité inhérente de notre esprit. Les *réalisations* sont naturelles pour l'esprit, comme la respiration l'est pour le corps. La compréhension est une fonction normale de notre conscience. Nous sommes une *machine à réalisations*, une machine à intuitions ! Tout comme l'enfant l'est. C'est en *réalisant* qu'il apprend les choses de la vie, c'est en *réalisant* que nous apprenons. Ces réalisations ne sont pas toujours nécessairement dramatiques, mais des occurrences ordinaires, des réponses de bon sens aux circonstances quotidiennes.

Nous sommes faits pour les *réalisations*, notre esprit est conçu pour la compréhension, Nous ne pouvons pas ne pas voir l'évidence, que ce soit au niveau *micro* ou au niveau *macro*. Nous ne pouvons pas ne pas avoir de perceptions nouvelles, d'idées fraîches, de solutions inédites…quand nous en avons besoin.

P: *Vous utilisez le mot voir. . Y-a-il voir et VOIR ?*

R: La spiritualité, c'est *VOIR* comment le monde fonctionne, comment nous fonctionnons. VOIR, c'est Réaliser. La *réalisation* c'est de voir l'invisible dans le visible. C'est une perception nouvelle au-delà de notre perception habituelle de la réalité existante. Nous voyons ce que nous ne voyions pas auparavant. La *réalisation* rend visible ce qui est invisible à première vue.

P: *Je ne comprends pas ce que vous voulez dire par voir l'invisible, voir l'invisible dans le visible !*

R: Justement c'est la différence entre réalisation et connaissance. La connaissance est de voir le visible, la réalisation est de voir l'invisible dans le visible !

P: *Excusez moi d'insister, cela me paraît un jeu des mots : voir l'invisible dans le visible ! Je n'arrive pas à distinguer entre la connaissance et la réalisation?*

R: Non, ce n'est pas un jeu des mots. Vous pouvez connaître la **réalité** mais vous pouvez seulement réaliser la **vérité** !

P: *Pouvez-vous expliquer la différence entre réalité et vérité, entre réalisation et connaissance ?*

R: La réalité est la forme, la vérité est non-forme. Vous pouvez connaître par vos sens la réalité, la forme, mais vous ne pouvez pas connaître la non-forme par vos sens…

P: *Oui, mais pourquoi ?*

R: Parce que la non-forme n'existe pas. La non-forme est au-delà de la forme ! Vous ne pouvez pas connaître ce qui n'existe pas ! Vous ne pouvez pas connaître la vérité parce que la vérité est au-delà des réalités, vous pouvez seulement réaliser la vérité dans votre esprit, dans votre conscience, ce qui n'est pas visible par nos sens.

P: *Je ne comprends toujours pas. Pouvez-vous donner un exemple ?*

R: Le *beau* est la réalité, la beauté est la vérité. Vous pouvez connaître le beau avec vos sens, vous pouvez décrire le beau, vous pouvez identifier le beau. Vous pouvez désigner le beau avec votre doigt mais vous ne pouvez pas designer la beauté avec vos doigts. Vous réalisez la beauté à travers le beau.

Par exemple vous voyez une rose, une rose est belle. Vous pouvez décrire une rose, vous pouvez admirer sa forme sublime, l'éclat de sa couleur, la délicatesse de ses pétales, mais vous ne pouvez pas décrire la beauté d'une rose. Vous ne pouvez que réaliser sa beauté ! Sentir sa beauté !

P: *Mais pourquoi ?*

R: Parce que la beauté est la vérité ! Et la vérité est au-delà de nos sens. Vous ne pouvez pas connaître la beauté d'une rose, vous ne pouvez que la réaliser à travers la réalité de ses aspects !

C'est pour cela que vous ne pouvez pas connaître **Dieu**, vous pouvez seulement réaliser Dieu à travers ses attributs !

C'est pour cela que vous ne pouvez pas connaître le Soi, vous pouvez seulement réaliser le Soi à travers votre nature essentielle ! à travers les aspects de l'essence !

P: *je ne comprends pas, pourquoi nous ne pouvons pas connaître Dieu ? Pourquoi nous ne pouvons pas connaître le Soi ?*

R: Parce que **Dieu** est la vérité, parce que le **Soi** est la vérité, parce que le **Je** est la vérité. Vous ne pouvez pas connaître la vérité, vous pouvez seulement réaliser la vérité !

LE PRINCIPE D'AUTO-CORRECTION

P: *Vous insistez sur le fait de comprendre. Les spiritualités que je fréquente n'utilisent pas souvent ces termes.*

R: Oui, c'est vrai, dans les cercles spirituels, le mot compréhension n'est pas courant. C'est parce qu'on ne comprend pas son sens. La compréhension est souvent associée à l'intellect, au mental. Satranga avance l'idée que la vraie compréhension est viscérale.

Comprendre, c'est connaître, et c'est un sentiment, un ressenti dans les tripes, c'est un *waouh*, c'est un *bon sang, mais bien sûr* !

P: *Pensez-vous vraiment que comprendre suffit pour créer le changement et la transformation ?*

R: **La compréhension ne crée pas la transformation, la compréhension est la transformation**!

P: *La compréhension **est** la transformation ?*

R: Oui, la transformation se produit automatiquement suite à la compréhension, suite à une réalisation. Si la transformation ne se produit pas c'est qu'il n'y a pas eu vraiment de compréhension, qu'il n'y a pas eu vraiment la réalisation. La compréhension intellectuelle n'est pas la réalisation, ce n'est que l'information.

La réalisation est la transformation. Avec la réalisation votre vision change, et aussi votre vie. Si rien ne change, c'est encore une idée, et la réalisation n'a pas eu lieu.

P: *Je ne vois pas comment la compréhension seule peut changer la vie.*

R: La première séance publique de cinéma a eu lieu le samedi 28 décembre 1895, dans le sous-sol du Grand Café, 44, boulevard des Capucines, à Paris. C'était le film de l'arrivée d'un train dans la gare de La Ciotat. En voyant arriver le train sur l'écran, les spectateurs présents ont eu peur, certains ont même crié, d'autres ont quitté leur siège. Les spectateurs ont eu peur parce qu'ils ne faisaient pas la différence entre la *réalité* et son *image apparente*.

Aujourd'hui, on ne serait plus effrayé par des scènes cent fois plus terribles, parce que l'on sait que ce ne sont que des images. Notre compréhension nous a libérés de la confusion.

Si vous compreniez, vraiment compreniez, que vos croyances ne sont que les pensées arbitraires et ne sont pas les vérités absolues, en seriez-vous perturbé. Si vous compreniez, vraiment compreniez, que rien ni personne d'extérieur à vous peut créer votre expérience, et que toute expérience est créée par votre propre pensée, blâmeriez-vous votre voisin, votre épouse ou votre fils pour votre détresse ?

La plupart des enseignements spirituels courants insistent sur les techniques et les méthodes. Voilà, faites la méditation et tout ira bien ; ou faites un tel exercice et vous serez comblé. Satranga insiste plutôt sur la réalisation, sur la connaissance, sur la compréhension, sur la vision…

L'enseignement Satranga se fonde sur le modèle des sciences, plutôt que sur le modèle des technologies ! Connaissez-vous la différence entre la science et la technologie ?

La science est la connaissance fondamentale. C'est un ensemble de connaissances qu'on acquiert par l'expérience, l'étude et l'observation. C'est aussi un corps de connaissances constitué, articulé par déduction logique et susceptible d'être vérifié par l'expérience. C'est l'étude des phénomènes. C'est comprendre comment les choses fonctionnent, agissent, réagissent.

La technologie est l'ensemble des applications des connaissances scientifiques. C'est une application spécifique de la science dans un but précis.

Les méthodes et les techniques dépendent de votre connaissance. Plus votre connaissance scientifique est large plus il est facile d'inventer les technologies et de les appliquer.

Au lieu de chercher les stratégies ou les méthodes, nous tentons de comprendre comment les choses fonctionnent réellement. Quand vous savez comment vous fonctionnez, vous savez quoi faire.

Satranga offre quelque chose de beaucoup plus *précieux*. Il décrit tout simplement comment nous fonctionnons et d'où vient notre expérience. Il offre une carte de notre monde intérieur. Il dévoile *l'architecture* de notre esprit. Il décrit les principes fondamentaux qui sont à la base de notre fonctionnement psycho-spirituel.

La compréhension est extrêmement importante. Que ce soit de votre ordinateur, de votre système immunitaire ou de votre esprit, plus vous comprenez, plus vous vous adaptez, plus vous inventez, plus vous êtes efficace.

C'est la compréhension des principes de l'aérodynamique qui permet à un Airbus A380 de 577 tonnes et avec 870 passagers à son bord de voler comme un oiseau. C'est la compréhension de notre système immunitaire qui a permis à Louis Pasteur d'inventer les vaccins et de sauver des millions de vies et d'ajouter plus de quarante ans à la durée de vie moyenne. La compréhension de votre propre fonctionnement peut complètement transformer votre vie, d'où l'importance de la connaissance de Soi !

P: *Donc, compréhension et transformation sont indissociables, comme réalisation et évolution sont indissociables ?*

R: Chaque réalisation apporte la transformation par le *principe d'auto-correction*, et modifie notre *système opératoire*, c'est-à-dire la manière dont nous fonctionnons. C'est cela l'évolution, l'évolution perpétuelle !

P: *La notion d'auto-correction n'est pas encore familière pour moi. Pouvez-vous expliquer davantage ?*

R: **L'esprit humain, comme le corps, a la capacité d'auto-guérison, d'auto-correction.** Notre esprit est un système autocorrectif. Satranga crée un espace pour avoir la clarté, la compréhension et la réalisation qui impactent et transforment notre vie. Au fur et à mesure de nos compréhensions et de nos réalisations, notre esprit s'engage à mettre à jour notre *système opératoire* et à restaurer notre clarté. Notre esprit a la capacité de s'auto-corriger. Si la compréhension a eu lieu, cette autocorrection s'opère, même sans volonté consciente. C'est le principe de **transformation sans effort**, ou **dynamique de la transformation**.

Cela différencie la *transformation* du *vouloir changer* ! Le *vouloir changer* est un acte volontaire, qui implique un acte d'effort, pour aller dans une direction prédéfinie. La *transformation* quant à elle est un acte involontaire, qui ne demande pas d'effort, et qui a sa propre direction, son *auto-direction,* pourrions-nous dire.

La plupart du temps, notre compréhension reste seulement au stade des pensées, des concepts et du langage. En revanche, si elle est effective, l'autocorrection le sera aussi ; et la transformation s'effectuera sans effort. S'il y a effort, c'est qu'il n'y a pas eu de réelle compréhension...

P: *Je ne comprends toujours pas la notion d'autocorrection. Comment seulement comprendre peut changer quelque chose dans notre vie ? Il faut appliquer la compréhension, non ?*

R: Comprendre le principe de la gravitation ne va pas vous empêcher de vous écraser sur le sol si vous sautez par la fenêtre. Vous allez vous casser la gueule comme tout le monde, même si vous vous appelez Isaac Newton !

Si vous comprenez le principe de gravitation, vous n'allez pas méditer matin et soir avec le mantra *je ne sauterai pas par la fenêtre.* Comprendre le principe de gravitation va simplement vous *empêcher* de sauter par la fenêtre ! C'est cela l'autocorrection.

Je n'aime pas trop me donner en exemple, mais une de mes histoires peut illustrer les notions de compréhension et d'autocorrection.

Il y a bien longtemps, je vivais à Paris, dans le quartier chic du 17e arrondissement, dans une minuscule chambre de bonne, au 7e étage sans ascenseur. En réalité, il y en avait un, mais je n'avais pas le droit de le prendre. Je travaillais six jours sur sept au *Sentier*, le quartier du prêt-à-porter de Paris. Mon seul plaisir était mes journées du dimanche. En effet, tous les dimanches, tôt le matin, j'allais à la Courneuve, une banlieue populaire de Paris. Il y existait un foyer dit *Sonacotra*, pour travailleurs étrangers. Y séjournaient mes copains indiens, pakistanais, bengalais, entre autres. On faisait la cuisine, on écoutait de la musique, on regardait des films indiens sur les magnétoscopes. On parlait politique, on racontait les histoires de famille...et le soir, je rentrais à Paris dans ma chambre de bonne...

Et un dimanche, après le déjeuner, quelqu'un proposa de jouer au football. Il y avait un terrain vague juste en face. On s'est partagés en deux, six d'un côté, six de l'autre. Nous avons mis deux grosses pierres de chaque côté du terrain en guise de goal. Et le match commença...

En moins de cinq minutes, j'étais hors-service. Je soufflais comme un chien malade, j'avais ma langue pratiquement pendue hors de ma bouche, mon dos plié en deux. J'étais un grand fumeur, je fumais depuis quinze ans entre trente et quarante cigarettes par jour. Bien sûr, je **savais** que *fumer est nocif* pour la santé. J'avais vu d'horribles films sur les poumons et des photos d'artères de fumeurs, mais cela ne m'avait jamais donné l'envie d'arrêter de fumer. Mais cette après-midi-là, à la Courneuve, il n'était plus question de savoir intellectuel. Ce fut pour moi la *connaissance*, la *compréhension*, la *réalisation* que *fumer est à ce point nocif*.

En moins d'une semaine j'ai arrêté de fumer définitivement, sans effort, sans souffrance, et sans volonté. Et je n'ai jamais fumé depuis. C'est cela l'autocorrection !

LE SUJET DE L'EXPLORATION

P: *Donc, l'exploration est de comprendre, mais de comprendre quoi ? La vérité de nos émotions et sentiments dérangeants ? De nos difficultés ? De notre ego ?*

R: Oui, l'exploration est dans tout cela, mais pas seulement dans tout cela ! Nous explorons toute notre expérience.

Notre expérience est complexe. Elle est composée de pensées, de sensations, d'émotions et de sentiments, aussi bien négatifs que positifs, nos ressentis…

L'exploration Satranga commence au niveau de notre expérience immédiate. L'exploration est dans notre expérience, telle qu'elle se présente dans notre conscience. Cela peut être une expérience agréable ou désagréable ; ego ou Essence ; émotion ou ressenti ; joie ou colère…

Nous commençons par nous connecter sur ce que nous vivons dans le moment présent, ce qui est ici et maintenant dans notre champ de conscience, ce que nous ressentons dans notre corps.

P: *L'expérience humaine est donc le sujet de l'exploration Satranga ?*

R: Oui. L'expérience humaine est le sujet de l'exploration Satranga. Parce que l'expérience humaine est notre seule réalité !

L'expérience subjective est la pierre de touche. A travers l'expérience subjective, nous accédons à notre esprit, a nos pensées, nos croyances, nos structures chroniques. Et à travers notre expérience, nous accédons à notre Ame, à notre nature essentielle.

Le seul élément que nous avons à notre disposition c'est notre expérience. La réalité est expérience. La vie est expérience. La vie est inséparable de l'expérience. Tout est expérience, il n'y a que l'expérience, l'expérience est la seule réalité….

La plupart des pratiques spirituelles tentent de nous éloigner de l'expérience immédiate. Par les méditations, les chants, les visualisations, on tente souvent de créer l'expérience autre que celle du maintenant. Et cela fonctionne, selon leur logique. L'exploration Satranga ne fait pas cela. Vous commencez là où vous êtes, mais vous ne savez pas où vous allez atterrir, et ce que vous allez découvrir !

P: *Vous insistez sur le fait que l'expérience est la **seule réalité**. Dans ma démarche spirituelle actuelle, l'expérience est toujours changeante donc une illusion, illusion créée par le mental. L'important est la conscience, la conscience non changeante, la pure conscience, la pure conscience est la seule réalité, car pure conscience est de l'ordre du divin…et demeurer dans la pure conscience, c'est être divin !*

R: Est-ce que vous croyez être une poule, et votre démarche spirituelle est de chercher à retourner à l'état d'œuf, et demeurer éternellement dans cet état ?

Satranga avance l'idée que l'expérience est la seule réalité ! Et si un jour vous arrivez à cet état de pure conscience, ce serait toujours une expérience, une expérience de pure conscience !

Tout est expérience. L'expérience est la réalité et la réalité est l'expérience. L'expérience est la seule réalité… ! C'est un principe. L'expérience est un principe de Satranga : Votre expérience peut varier, changer en flux permanents, mais vous ne pouvez pas ne pas avoir l'expérience.

P: *Parfois, nous ne ressentons rien…*

R: Tant que vous êtes vivant et tant que vous êtes conscient, vous éprouverez une expérience. Ce n'est pas possible autrement. Vous pouvez dire *je ne ressens rien. Ne rien ressentir* est… une expérience. Sentir le vide est une expérience. L'Essence est une expérience. L'amour est une expérience. Se sentir *un* avec tout, est une expérience, tout comme se sentir isolé est une expérience….

Oui, tout est expérience…Amour, Unité, Bonheur, illumination. Même vous, vous êtes une expérience.

P: *Vous insistez : L'expérience est la seule réalité ?*

R: Oui, absolument. Nous sommes des êtres vivants et conscients. Nous sommes des *êtres sensibles*… Tant que nous sommes vivants et tant que nous sommes conscients, nous sommes sujets à l'expérience, à l'*expérience subjective*…

P: *L'expérience subjective ? Pourquoi subjective ?*

R: Parce que mon expérience n'est pas celle de Barack Obama, ni d'Isabelle Adjani ! Mon expérience est mon expérience vécue dans mon corps-conscience ! Je dirais plutôt dans **ce** corps-conscience ! Nous sommes uniques au niveau de notre expérience subjective. Celle-ci me distingue de vous.

L'expérience est omniprésente dans notre vie. Il n'y a jamais un instant où nous n'avons, ou ne vivons, *une* expérience. *L'expérience* est le *jus* de la vie humaine….

P: *L'expérience est le jus de la vie humaine ?*

R: Oui. Réfléchissons. Qu'est-ce que la vie ? Qu'est-ce que la qualité de vie ? Que veut dire une *vie riche* et une *vie pauvre* ? Qu'est-ce que me distingue de vous ?

L'expérience subjective, l'expérience subjective, l'expérience subjective !

La vie est l'expérience, et l'expérience est la vie. La qualité de notre vie est la qualité de notre expérience subjective. Nous pouvons nous sentir heureux ou malheureux, nous pouvons avoir le sentiment de réussite ou d'échec. Nous pouvons avoir une expérience agréable ou une expérience désagréable, mais nous ne pouvons pas ne pas avoir *d'expérience*…

P: *La qualité de notre vie est la qualité de notre expérience subjective. C'est une idée intéressante ! Pouvez-vous la développer un peu plus ?*

R: Oui, absolument. Ce n'est pas une idée, c'est une réalité irréfutable. Et nous savons cela, consciemment ou inconsciemment.

Habituellement, tout ce que nous faisons dans notre vie, c'est soit pour avoir une expérience espérée, soit pour nous débarrasser d'une expérience indésirable ! Pour sentir d'une façon, ou pour ne pas sentir d'une autre façon.

Pourquoi vouloir accumuler de l'argent ? Pour se sentir en sécurité, pour se sentir important… Pourquoi vouloir rouler en Mercedes ? Pour se sentir important, pour se sentir confortable… La Mercedes n'intéresse personne en tant que telle. Ce qui est important, c'est *l'expérience* qu'elle crée. Pourquoi faisons-nous de la méditation ? Pourquoi escaladons-nous l'Himalaya ? Pourquoi nous marions-nous ?

Tout acte humain, du plus insignifiant au plus extraordinaire, est un moyen d'avoir une *expérience subjective*. Examinez votre vie, voyez pourquoi vous allez à telle conférence, ou lisez tel livre ? Pourquoi vous intéressez-vous à la spiritualité ?

Si quelqu'un a énormément d'argent mais se sent misérable, ce n'est pas un homme riche, mais c'est un homme misérable. Si quelqu'un a mille et un amis mais se sent seul, ce n'est pas un homme sociable, mais un homme seul.

Si vous suivez mon raisonnement, vous allez conclure, vous aussi, que la qualité de nos vies est la qualité de nos *expériences subjectives* ! Le changement, le vrai changement, c'est le changement de l'expérience subjective. La vraie transformation c'est la transformation de notre expérience.

Plus notre expérience est raffinée, subtile, profonde, expansive, joyeuse, sereine…, plus la qualité de notre vie sera raffinée, subtile, profonde… C'est la qualité de notre expérience qui conditionne la qualité de notre vie. Et, consciemment ou inconsciemment, nous tous, nous cherchons à améliorer la qualité de notre *expérience subjective*… Notre seule erreur est de croire que notre expérience subjective dépend d'éléments extérieurs.

P: *Si la qualité de notre vie est la qualité de notre expérience, et si la qualité de notre expérience ne dépend pas des éléments extérieurs, alors elle dépend de quoi ?*

R: Justement, c'est la grande question dont nous avons déjà débattu hier. La plupart des gens croient à tort que la qualité de leur expérience dépend de leurs acquisitions, de leur accomplissement. Ils croient que ce sont les éléments extérieurs, leurs relations, leur travail, leurs circonstances de vie qui conditionnent la qualité de leurs expériences. Satranga avance l'idée que 100 % de notre expérience est créée par des éléments intérieurs....

Nous savons que l'expérience subjective est omniprésente. Nous sommes nécessairement dans une expérience subjective à chaque instant. Si 100 % de notre expérience est créée par les éléments intérieurs, la question suivante est : Est-ce que la source de notre expérience est notre *Essence*, ou notre personnalité chronique ? Est-ce que notre *point d'ancrage* est situé dans l'espace de clarté, ou la source de notre expérience est-elle dans les structures chroniques de l'ego ? Sommes-nous alignés avec la vérité de notre destin unique ou avec le mensonge de l'ego idéal ? La réponse à cette question change la qualité de notre *expérience subjective*. L'exploration dans notre expérience nous permet de voir tout ça.

P: *Est-ce facile de discerner si notre point d'ancrage est situé dans l'Essence ou dans notre ego ?*

R: Parfois oui, parfois non ! C'est justement l'intérêt d'un enseignement. Un enseignement spirituel nous éclaire et nous apprend le discernement. Nous pouvons discerner si nous fonctionnons à partir de notre essence ou à partir de notre personnalité. Nous pouvons localiser notre point d'ancrage en observant notre activité intérieure.

Mais, en règle générale, chaque fois que nous sentons une des variations de la peur, du désespoir, ou de la colère, même amplement justifiée, nous devons savoir d'où viennent ces émotions. Sachez bien ce que signifient ces émotions : tout simplement, nous sommes coincés dans un ensemble des structures chroniques de l'ego !

Par contre, le sentiment d'espoir, de gratitude, de légèreté d'esprit, de profonde connexion... est le signal que vous êtes branché avec l'Essence, avec l'intelligence universelle et la sagesse, sans interférence des structures chroniques.

La plupart des problèmes psychologiques et des souffrances émotionnelles sont les conséquences de conflits et d'interactions entre les différentes structures de l'ego. Quand quelqu'un est dans l'espace de *clarté*, et aligné avec sa *nature essentielle*, avec sa *sagesse inhérente*, les comportements et réactions problématiques sont impossibles. Nous restons alors l'esprit ouvert, même au milieu de la tempête de souffrance ou d'adversité. Au lieu de réagir à partir des pensées et des émotions de surface, nous agissons à partir d'un endroit plus profond de sagesse. Cela change comment nous écoutons, comment nous entendons, comment nous parlons, apprenons, pensons, décidons et créons.

Si notre expérience tourne à l'aigre, si nous nous sentons mal, si nous nous éloignons de notre bien-être inhérent, de notre *Essence*, nous avons là le signal que nous sommes dans l'illusion. Nous sentons cela par notre sentiment d'être *hors zone*. Nous avons alors l'impression d'être *à côté de la plaque*, d'être sujet à des émotions et des sentiments dérangeants... et encore une fois, nous ne jugeons pas cet état de choses comme négatif, nous n'y résistons pas, nous le prenons comme une invitation à l'exploration ! C'est le moment de s'arrêter, de réfléchir, d'explorer et de retourner chez *Soi* !

P: *L'exploration est un processus de discernement?*

R: C'est justement la fonction de l'exploration. Nous sommes souvent une victime passive de l'expérience parce que nous ne savons pas ce qu'est l'expérience et comment elle se produit. Quels sont les éléments en jeu qui créent l'expérience.

Satranga vous apprend de discerner votre activité intérieure. L'activité de la personnalité, ou ego-activité, est désir et résistances. Elle se manifeste par le jugement, le rejet ou l'approbation en relation avec l'ego-idéal. La personnalité est toujours en souffrance, plus elle résiste à la souffrance, plus la souffrance se perpétue, plus elle désire le plaisir, plus il y a frustration.

L'ego-activité bloque le dynamisme de notre vie parce qu'elle est formée seulement sur la fausse idée de ce qui est vrai. Pendant l'exploration de nos structures et nos schémas intérieurs, nous saisissons précisément les manifestations de l'ego-activité et de son fonctionnement

L'action de la Présence est l'acceptation inconditionnelle et son mouvement est dans le sens de l'expansion. La Présence n'est attachée ni au plaisir ni à la souffrance. C'est le déroulement de la vie, découverte du mystère de chaque instant présent, c'est la curiosité et l'émerveillement.

Quand nous vivons la nature essentielle, nous ne cherchons plus rien, nous nous réjouissons de ce qui est. Nous sommes là avec notre présence. Quand nous sommes identifiés à la personnalité chronique chaque action ou attitude est conditionnée par la recherche du plaisir, l'acquisition de ceci ou de cela. C'est une recherche sans fin, une avidité permanente. Lorsque nous cherchons quelque chose, nous sommes projetés dans l'avenir, nous négligeons ce qui est présent, et la réalité immédiate nous échappe. Même chercher la vérité est souvent une ruse de l'ego.

La seule chose que nous savons faire est de résister à notre expérience, de rejeter notre expérience, de réprimer notre expérience. En Satranga nous apprenons à apprécier notre expérience, à l'explorer, à comprendre notre expérience, à voir les éléments qui sont en œuvre derrière elle. L'expérience est complexe. Plusieurs éléments entrent en jeu pour créer une expérience. Comprendre le jeu de l'expérience peut nous aider à mieux négocier notre expérience.

P: *Nous résistons à notre expérience parce que certaines expériences sont pénibles. Les sentiments négatifs nous pourrissent la vie.*

R: *Tous les sentiments*, positifs ou négatifs, représentent une partie importante de l'expérience humaine, et les explorer nous conduit à leur source sous-jacente. C'est une première étape dans un processus global de l'exploration Satranga.

Les sentiments et les émotions sont comme la sonnerie d'un téléphone. Elle n'est pas qu'un bruit. Elle retentit pour nous alerter d'une information qui nous est adressée. *Le téléphone de nos sentiments* aussi, mais, au lieu de décrocher et d'en prendre le message, nous l'ignorons, ou parfois même le débranchons pour ne pas l'entendre. C'est ainsi qu'on se tourne vers certains *divertissements,* comme faire du shopping, lire un magazine, regarder la télévision, rêvasser, méditer, ou faire toute autre chose pour ne pas entendre cette sonnerie. C'est comme fuir ce qui est perçu comme une menace, une crainte ou une blessure ; c'est une attitude qui se perpétue avec l'habitude.

Il n'y a rien de mal à ne pas se sentir bien ! Tout sentiment est utile. Nos sentiments désagréables ne sont pas nécessairement négatifs. C'est le système de guidance qui nous montre que nous avons des pensées, des idées, des croyances, qui sont à l'œuvre. Nous pouvons y accéder et les explorer. Pour Satranga les sentiments désagréables sont une invitation à l'exploration.

P: *Nous savons que notre mécontentement est le fait de nos propres pensées et croyances. Cependant parfois nous nous sentons coincés dans la vie, et ne savons pas quoi faire !*

R: Oui, parfois nous nous *sentons* coincés mais, en réalité, nous ne sommes jamais coincés, surtout jamais coincés comme nous imaginons l'être, dans quelque chose d'extérieur, de fixe, d'immuable. Nous sommes toujours coincés dans nos têtes, dans nos habitudes de penser. Nous sommes alors incapables d'entreprendre une action juste. La bonne nouvelle est que nous pouvons en un instant regagner le flux créatif de l'intelligence universelle, de notre Essence, car nous ne sommes qu'à un cheveu de ce flux !

P: *Ah ! Si c'était si facile ?*

R: Oui, nous sommes seulement quelques pas plus loin de notre nature essentielle, ces petits pas peuvent être faciles ou pas faciles cela dépend de votre engagement et votre assiduité.

SPIRALE DE L'EXPLORATION

P: *Y a-t-il des sujets spécifiques pour l'exploration Satranga ?*

R: Tout ce qui surgit dans votre expérience immédiate peut devenir objet d'exploration. Par exemple, vous êtes triste, blessé, peut-être fâché ou déçu, ou vous avez des problèmes dans votre vie affective...

La pratique de l'exploration est comme une spirale. Elle commence sur la surface de notre expérience ordinaire et banale, et graduellement nous amène dans les zones de plus en plus profondes. L'expérience est complexe et se produit en couches successives, pochée dans les autres expériences comme les stries, comme les poupées russes ! Le mouvement d'exploration à chaque étape, à chaque couche révèle les sens et significations de notre expérience qui ont une importance décisive dans notre vie.

Par exemple vous êtes en colère. C'est une expérience apparente. Si vous l'explorez, vous découvrirez que votre colère est produite par une déception, déception qui est une expérience plus profonde par rapport à la colère. Si vous continuez votre exploration, vous découvrirez alors que votre déception est produite par une blessure, blessure de ne pas être reconnu comme individu authentique. Et cette blessure indique la nécessité d'être reconnu par l'extérieur, qui peut indiquer que vous êtes coupé de votre valeur inhérente, qui est un aspect de votre essence, de votre nature essentielle... et ainsi de suite.

Au fur et à mesure de l'exploration, la conscience tend à s'ouvrir à des niveaux plus profonds et, éventuellement, à des expériences directes et immédiates de notre *vraie nature*. L'expérience de notre vraie nature est en effet la vraie expérience réprimée.

P: *Est-ce que toutes explorations commencent par une question ?*

R: Il y a toujours plusieurs manières de commencer une exploration. Par exemple, vous avez une émotion, une expérience, un sentiment, et vous voulez le sonder. Disons qu'en ce moment, vous avez un sentiment de frustration, et vous souhaitez l'explorer, voir où cela vous mène. Un autre sujet d'exploration et d'investigation peut être votre relation avec votre fils, parce que, pour vous, c'est un sujet de préoccupation et de confusion. Une troisième façon d'explorer peut-être que l'enseignant propose un sujet. Par exemple, je peux vous proposer d'explorer la *gratitude*. Vous allez permettre l'émergence des émotions, des sentiments, des souvenirs..., suite à ce questionnement. .

L'exploration est l'art sublime de poser les questions. *L'art de poser des questions précises.* Une question contient une reconnaissance de non-savoir, mais elle implique également une curiosité et un vouloir-savoir. L'enquête signifie interrogation, vouloir découvrir, être curieux au sujet de la vie, de l'expérience personnelle et de tout ce qui surgit.

L'exploration suit le fil de l'expérience, elle est rarement linéaire, elle est souvent surprenante dans ce qu'elle révèle. Tout est possible dans l'exploration, et tout est le bienvenu. Parfois les questions surgissent au fur et à mesure que l'élève avance, où ce qui vient est le prochain morceau de l'histoire. Parfois, c'est un sentiment de toute l'histoire, parfois encore, c'est comme la grâce, comme un souffle venu d'un autre monde.

P: *Que voulez-vous dire par un souffle venu d'un autre monde?*

R: Chaque fois que nous approfondissons et chaque fois qu'une énigme est résolue, une énergie en est libérée, amenant à un changement dans le champ de l'expérience. Ce changement peut se ressentir comme un souffle nouveau, un fort ou subtil état émotionnel, ou une libération de l'espace intérieur.

P: *Est-ce que nous apprenons à se poser les questions précises ?*

R: Explorer n'est pas poser n'importe quelle question. C'est poser les questions qui sont importantes, signifiantes, révélatrices, intelligentes et appropriées, les questions qui sont en relation avec l'expérience réelle, les questions pour sonder la surface, pour aller en profondeur, pour éplucher notre ignorance afin que la lumière jaillisse.

UN PROCESSUS SOUSTRACTIF

P: *L'exploration est donc une technique précise ?*

R: C'est un art. L'art de voir, l'art d'explorer, l'art de sentir. L'exploration Satranga n'est pas une technique ou une méthode dans le sens où vous appliqueriez une technique **x**, et vous arriveriez à la destination ou au résultat **y.**

La nature de notre esprit est infiniment généreuse pour révéler les trésors de sagesse à celui qui est prêt à s'ouvrir à elle. Nous avons seulement besoin d'apprendre à être disponible à l'expérience présente, avec un niveau élevé de sincérité, de dévotion et d'intelligence.

Le cœur de cette méthodologie est d'inviter la Réalité à révéler son secret, et, quand nous apprenons à inviter notre nature intime à se révéler, l'intelligence inhérente de notre esprit nous guide et nous entraîne vers les expériences de plus en plus subtiles.

L'exploration est un regard que l'on porte dans une direction différente, elle est une écoute, un sentir. Penser, se poser des questions, réfléchir, explorer… font partie de nos facultés naturelles. L'exploration est un savoir-faire et déploie toutes nos facultés naturelles. L'exploration est plutôt un processus qu'une technique.

P: *Quelle est la différence entre processus et techniques !*

R: Les techniques, les stratégies, et les pratiques sont supposées créer des changements et transformations. Vous pratiquez une méthode, et au bout d'un certain temps, vous auriez changé ; vous

vous seriez réalisé ; vous serez heureux ! Cette idée n'est qu'une illusion. Les changements et les transformations se produisent par compréhension, par le fait de *voir*, de voir la *réalité*. Ce n'est pas une question de *faire*, c'est une question de *voir* ! *Voir*, c'est la clé de la liberté, si vous voyez vraiment, vous êtes libre.

Et, est-ce que **voir** est une technique ou une pratique ? Non. Voir, c'est voir la réalité et la logique de comment les choses fonctionnent. C'est beaucoup plus puissant pour nous libérer que toutes les pratiques, méthodes ou règles que nous pourrions adopter ou apprendre.

VOIR, c'est la clé ! VOIR, ENTENDRE, REALISER !

Satranga est une démarche *soustractive*. Ce n'est pas une démarche *additive*. Cela consiste à enlever les voiles et les barrières qui obscurcissent notre vision, afin que nous puissions récupérer et intégrer notre *véritable identité* et la richesse de ce que nous sommes.

Nous avons besoin de voir nos illusions pour pouvoir les désamorcer, les déconstruire, pour enfin retourner dans l'espace de notre *présence pure*, pour pouvoir retourner *chez nous*, dans notre nature essentielle ! C'est ça, la spécificité de Satranga !

P: *Les approches **additives** et **soustractives**, c'est une idée nouvelle pour moi. Pouvez-vous la développer ?*

R: Permettez-moi d'insister sur le caractère *soustractif* de Satranga, qui n'est pas un processus *additif* où nous ajouterions ou manipulerions des idées et des concepts pour les rendre plus acceptables. Non, nous éliminons tout ce qui est *de trop*, tout ce qui a été ajouté, tout ce qui voile la vérité de notre *Essence*, notre *identité réelle*.

Comme dirait Sir Arthur Conan Doyle à travers Sherlock Holmes : *Lorsque vous avez éliminé tout ce qui est impossible, ce qui reste cependant improbable doit être la vérité.*

Quand je me suis marié, ma femme mettait un foulard sur la lampe de chevet pour créer une ambiance romantique !

Imaginez une lampe électrique de table. Elle est équipée d'une ampoule à 100w. Mais son abat-jour est couvert non pas seulement d'un seul foulard, mais d'une dizaine de morceaux de tissus, mouchoirs, bandanas, foulards... Quelle quantité de lumière va traverser tous ces tissus, même si la lampe est pleinement allumée ?

Presque rien. Maintenant commencez à enlever un par un, chaque tissu. Au fur et à mesure que vous enlevez chaque mouchoir, chaque bandana, chaque foulard, de plus en plus de lumière illumine votre chambre. C'est ça le *processus soustractif propre à Satranga*.

Les approches *additives* vous donnent des théories et des concepts à apprendre, des techniques et des méthodes à pratiquer, des attitudes et des comportements à adopter. Les *approches additives* sont très séduisantes, mais peu efficaces quant à la réalisation spirituelle. Les *approches soustractives* enlèvent ce qui est de trop dans votre esprit. Quand vous enlevez ce qui est en trop, ce qui a été ajouté, ce qui a été construit, reste alors votre *nature essentielle*.

Nous sommes friands des approches additives parce qu'elles paraissent faciles et pratiques. Leur logique est très simple :

JE + une technique, une méditation, un rituel, une stratégie = **BONHEUR**

La question est toujours : *Qu'est-ce que je dois ajouter à ma vie pour être plus X ou pour être moins Y* ? Des centaines de livres, de méthodes, et de techniques sont disponibles pour calmer notre angoisse, et pour promettre le bien-être tant recherché. Mais le problème est que les approches additives ne fonctionnent que bien rarement, et en tout cas seulement pendant qu'on les pratique...

La logique de Satranga est :

JE − les images de soi, les pensées contaminées, les structures chroniques, les croyances erronées=**Essence.**

La question est : *Qu'est-ce qui m'empêche de vivre ma nature essentielle* ? La réponse ne peut être que : Lorsque les structures chroniques et les pensées contaminées ne sont plus actives, nous sommes dans l'Essence, naturellement, dans la méditation, sans effort !

P: *Vous avez dit :* **Je moins l'image de soi**. *Vous parlez d'image de soi négative, pas l'image de soi positive?*

R: Les images de soi sont toujours les images, qu'elles soient négatives ou positives. Le Soi n'a rien à voir avec les images.

P: *Est-ce que certaines techniques additives pourraient être parfois efficaces, par exemple créer une image de soi positive ?*

R: Créer une image de soi positive, c'est tricher avec soi-même ! Ne serait-il pas plus judicieux de découvrir le vrai Soi qui est toujours positif, joyeux, serein, créatif….

La plupart des enseignements spirituels, ou ceux issus de ce que l'on appelle le *développement personnel,* mais aussi les pratiques psychologiques/thérapeutiques, sont de type *additif*. Concrètement, ils disent ce qu'il y a lieu de *faire* pour améliorer sa vie. Ils promulguent des conseils, proposent des pratiques, des méditations, des exercices et des comportements à adopter en vue de créer le changement susceptible d'apporter le bien-être tant recherché.

Et bien sûr, ils peuvent être efficaces selon leur logique et leur paradigme. Cependant, la mise en pratique de ces conseils et pratiques est souvent difficile, car les habitudes de ceux et celles qui les suivent sont bien contraires à ce qu'ils devraient faire. Les gens adoptent ces pratiques avec l'espoir de changement. Très vite déçus, ils cherchent alors un autre enseignement ou une autre technique en espérant que la suivante les aidera davantage.

L'EXPLORATION EST UN SAVOIR-FAIRE

P: *l'exploration Satranga est donc un savoir-faire, c'est-à-dire, il faut apprendre à explorer ?*

R: Oui, l'exploration Satranga est un savoir-faire. Mais c'est un savoir-faire naturel ! L'exploration Satranga, c'est comme marcher. Marcher n'est pas un savoir-faire ou une compétence spéciale. Vous avez appris à marcher en marchant, et maintenant, vous marchez sans le considérer comme un savoir-faire, marcher fait partie de votre vie. C'est de la même façon que l'exploration devient une partie de votre vie, pas une pratique ou savoir-faire particulier.

Comme nous avons appris à marcher, nous pouvons apprendre à explorer. C'est exactement cela que nous faisons dans les retraites d'initiation. Nous allons apprendre à piloter notre *vaisseau spatial exploration* pour reprendre cette image, et nous allons voyager dans toutes sortes de royaumes auparavant inexplorés.

Plus qu'un savoir-faire, l'exploration est une attitude, ou peut-être un ensemble d'attitudes envers notre expérience subjective…

P: *Allez-vous abordez ces attitudes ?*

R: Oui, bien sûr.

La première des attitudes pour *l'exploration Satranga* est **l'amour passionné de la vérité et du savoir**. L'amour de la vérité est le carburant de toute recherche spirituelle. L'amour de la vérité nous amène au sommet inattendu de la divine lumière.

L'amour de la vérité est notre amour dominant. L'amour de la vérité est seulement possible, quand il est l'amour dominant, l'amour numéro un. Vous n'avez pas besoin de renoncer au monde, vous n'avez pas besoin d'abandonner d'autres amours. Si vous avez l'amour dominant de la vérité, tout autre amour peut exister comme second choix. La compréhension que l'amour de la vérité doit être notre amour dominant est la seule source d'une vraie discipline.

L'attitude de **non-jugement** et celle d'**acceptation radicale** sont deux attitudes fondamentales de l'exploration Satranga.

Nous acceptons l'expérience telle qu'elle se produit. C'est l'**acceptation radicale.** Nous ne jugeons pas notre expérience, elle est ce qu'elle est. Nous ne voulons pas changer ou altérer notre expérience. C'est Le **non-jugement.** Ces deux attitudes paraissent si évidentes. Tous les enseignements en parlent. Mais ce sont deux attitudes très profondes et difficiles à mettre en pratique sans une guidance appropriée.

P: *Encore une fois, pour quoi nous ne voudrions pas changer l'expérience, si l'expérience est pénible ou désagréable ?*

R: Le mouvement est la nature de toute existence. Chaque moment qui arrive est enraciné dans le moment présent. Le secret de l'évolution est d'aller dans le sens du flux, et pas aller dans le sens contraire. Notre reflexe premier est de vouloir nous débarrasser de ce qui nous gêne. Nous tentons d'écarter les sentiments pénibles, mais en écartant ces sentiments pénibles, nous prolongeons nos peines et frustrations. Vouloir les oublier ou s'en débarrasser, nous en garde prisonniers. Nous oublions encore la nature inévitable de changement. Le changement se produit quand vous acceptez vos sentiments, les écouter, y réfléchir au lieu de vouloir les écarter.

Cela aussi va changer disent les sages. *Vouloir* changer est différent de *permettre* de changer. Jugement, vouloir changer, vouloir modifier indique l'intervention de l'ego. L'acceptation radicale est un attribut de l'essence. Vouloir changer bloque le mouvement naturel, l'acceptation radicale remet en mouvement la dynamique de la transformation

Nous voulons juste être **amicaux** avec notre expérience, l'accueillir et s'enquérir de sa réalité. *Qu'est-ce que je ressens ? De quoi s'agit-il ? Qu'est-ce qui fait que cela se passe de cette façon ?* Nous n'essayons pas d'aller quelque part. Au lieu de cela, nous voulons simplement inviter notre expérience à s'ouvrir, à dérouler et à révéler son sens et sa signification. Nous écoutons notre expérience, nous lui donnons l'espace pour exister. **Notre expérience n'est pas fortuite ou aléatoire. Cela nous arrive pour une raison bien précise.**

La **curiosité** est l'attitude nécessaire. La curiosité est un ingrédient important de l'exploration. L'amour de la vérité et la curiosité vont main dans la main. La curiosité et l'intérêt supposent que vous voulez savoir. Nous aimons la vérité, mais si nous ne sommes pas curieux, rien ne se produira. La curiosité apporte l'enjouement et l'attitude expérimentale

Beaucoup d'entre nous sommes très curieux au sujet d'autres personnes et sur divers aspects externes de la vie. Mais nous n'avons pas souvent cette même qualité de curiosité et d'attention vers notre propre monde intérieur. L'importance de devenir curieux sur votre propre expérience, la joie et l'espièglerie, peuvent venir avec ce type de curiosité.

P: *Ma grand-mère dit toujours que la curiosité est un vilain défaut !*

R: La curiosité dont nous parlons est la nature de notre esprit, un aspect de l'Essence. Nous sommes nés curieux. Nous sommes nés en *mode explorateur* intégré. Cependant, quelque part dans notre parcours, nous perdons cette curiosité. La curiosité est une expression de l'instinct de vérité. Tout le monde est plus ou moins curieux. Tout le monde a cet instinct de vérité plus ou moins actif. Tout le monde est intéressé par une chose ou l'autre, que ce soit la politique, le sport, la science, les arts, les loisirs…La spiritualité, c'est tourner l'intérêt vers l'intérieur.

La curiosité a quelque chose d'érotique. C'est la sensation de vouloir toucher toute chose, toucher les objets extérieurs et intérieurs, les objets matériels et immatériels. La curiosité est l'intérêt, est l'engagement. C'est avec curiosité et intérêt que nous nous engageons dans le jeu de la vie.

Les enfants sont si curieux. Ils sont nés curieux. La spiritualité est curieuse, sensible, joyeuse. Il y a toujours une explosion de joie, un déclenchement d'énergie quand nous découvrons quelque chose de nouveau, quand nous réalisons la vérité, quand nous comprenons un phénomène. La curiosité est une force de pénétration !

La **gentillesse** et la **compassion** sont les attitudes nécessaires, car l'expérience peut parfois être douloureuse, l'**obstination** et la **détermination** aident à ne pas céder face aux difficultés. Un **cœur courageux**, l'**acceptation du non-savoir**, une grande **sincérité** sont des autres attitudes de l'exploration.

P: *Je n'ai pas compris l'acceptation de non-savoir.*

R: **Vous ne savez pas, tant que vous savez.** Toute notre connaissance scientifique, philosophique, et spirituelle n'est qu'un îlot minuscule dans l'océan du non-savoir ! Le non-savoir est un élément important de l'exploration. **Je ne sais pas** est la phrase clé dans toute recherche. Mais pour Satranga, c'est plutôt : **Je sais, mais je ne sais pas ce que je sais !** C'est le sésame de l'exploration ! Reconnaître ne pas savoir, cela veut dire qu'il y a quelque chose à savoir implicitement, c'est une opportunité de connaître explicitement ce que vous connaissez implicitement.

P: *Est-ce que tout non-savoir peut devenir savoir, un jour ?*

R: Peut-être que oui, peut être que non ! Qui sait ?

Vous pouvez savoir combien il y a de pépins dans une pomme, mais pouvez-vous savoir combien il y a de pommes dans un pépin ?

P: *Vous avez également évoqué un cœur courageux!*

R: L'exploration Satranga exige d'avoir un esprit d'aventure. Une *véritable aventure* nécessite une rencontre avec des obstacles ; avoir le courage de rester sur le parcours. L'esprit d'aventure implique une *curiosité mûre*. Une *curiosité mature* implique de rester curieux même lorsque nous rencontrons des obstacles et des souffrances.

Pouvons-nous rester curieux, peu importe ce qui se passe dans notre expérience, rester *ouverts* comme si nous étions une *fenêtre ?*

P: *En vous écoutant parler de toutes ces qualités nécessaires, l'exploration ne doit pas être facile à apprendre et à pratiquer ?*

R: L'exploration est un acte simple. L'exploration a été conçue pour être simple, à la fois raffinée et intuitive. Votre exploration, alors, doit être simple, aussi simple que possible.

Je ne sais pas si vous avez remarqué que toutes les qualités nécessaires pour l'exploration sont déjà les qualités de votre essence. Vous les avez toutes. En vous engageant dans l'exploration vous engagez déjà votre essence. Ce n'est pas vous qui explorez, c'est l'essence elle-même qui explore. La méthode n'aboutit pas à un résultat, la méthode est en elle-même un aboutissement, un résultat. C'est pour cela que l'exploration Satranga est si efficace.

Tout ce que vous pouvez faire c'est de vous asseoir tranquillement, et faire parler vos sentiments, vos émotions, vos ressentis. Il n'y a pas de pratique plus sûre, plus élevée ou plus humaine que cela.

L'exploration est facile à apprendre, car tout ce qui pouvait être gênant a été patiemment éliminé. Son initiation permet d'en maîtriser le processus. Une fois initié, vous pouvez la pratiquer chaque jour, tout au long de votre vie.

L'EXPLORATION N'A RIEN DENOUVEAU

P: *Votre méthode d'exploration, l'avez-vous inventée, ou existait-elle déjà?*

R: Je vous l'ai déjà dit : je n'ai rien inventé !

L'exploration est à la fois la méthode primaire de Satranga et la source principale de l'enseignement….

P: *Que voulez-vous dire par la* **source principale** *de l'enseignement ?*

R: C'est le processus d'exploration qui m'a permis d'élaborer l'enseignement Satranga. L'exploration dans ma propre expérience, et l'exploration dans l'expérience des autres !

P: *Quelle est l'origine de l'exploration ?*

R: Historiquement peut-être, Socrate est à l'origine de l'exploration. *L'exploration Satranga* est une élaboration de la méthode socratique. Socrate a initié cette démarche aux débuts de la philosophie, quand il déclarait : *Je ne sais pas ce qu'est la réalité, mais j'aimerais la trouver.*

L'exploration Satranga tient également sa source dans la phénoménologie, un mouvement philosophique occidental du XXe siècle. La phénoménologie souligne la supériorité de l'expérience directe, à la première personne, contrairement à la dialectique. Par exemple : plutôt que le *Je pense, donc je suis* de Descartes, la phénoménologie veut savoir quelle est l'expérience réelle du *je suis*, débarrassée de toutes les idées que nous avons à son sujet ; ce que nous éprouverions, si nous nous occupions du phénomène lui-même.

P: *La manière dont vous décrivez l'exploration existe déjà dans certaines traditions orientales, comme le bouddhisme.*

R: Oui, mais pas seulement dans le bouddhisme.

L'exploration, l'enquête, l'investigation ne sont pas une nouveauté. Elles ont toujours existé, et il en existe de toutes sortes, comme l'investigation scientifique, l'investigation philosophique, l'investigation spirituelle... L'exploration Satranga a beaucoup de similitudes avec ces explorations, mais aussi des différences.

P: *Pouvez-vous décrire les similitudes et les différences avec d'autres modes d'exploration et d'investigation ?*

R: L'investigation scientifique consiste à observer les phénomènes, à pénétrer et à déchiffrer leurs formes, à détecter les relations entre d'autres phénomènes. L'exploration Satranga fait la même chose, seulement, les phénomènes qu'il explore ne sont pas des phénomènes extérieurs matériels, mais des phénomènes intérieurs : nos expériences subjectives.

L'investigation philosophique initiée par Socrate à Athènes, par exemple, consiste à questionner les concepts et les idées. Socrate posait les questions comme *qu'est-ce que le courage* ? Ou *qu'est-ce que la beauté ?* Ou encore *qu'est-ce que l'humilité* ? Ses étudiants faisaient partie, la plupart du temps, de la noblesse athénienne et étaient destinés à occuper des fonctions dans l'Etat. Il les incitait à réfléchir à ces questions. La réflexion était alors intellectuelle, et son but était de comprendre intellectuellement ce qu'étaient le courage, la beauté, ou l'humilité.

L'exploration des vertus comme la bravoure, la joie, la rectitude, etc. est très intéressante. Mais la plupart des gens sont loin de ces vertus. L'exploration Satranga est dans le moment présent, dans l'expérience présente. Nous utilisons parfois ces mêmes questions. Nous explorons notre expérience subjective en réponse à des questions comme : *Qu'est-ce que l'humilité ?* Quelle expérience cette question provoque en moi ? Comment je sens la notion d'humilité ? Quelle est mon expérience de l'humilité ou de la non-humilité ? Quelle est ma relation avec elle ? Notre exploration dans le concept de l'humilité ne s'arrête pas à la compréhension intellectuelle de l'humilité, mais aboutit à en faire l'expérience comme étant un aspect de l'Essence.

L'exploration est pratiquée dans différentes traditions spirituelles aussi. C'est une particularité du bouddhisme Mahayana. Nagarjuna, ce grand philosophe et moine bouddhiste indien de la fin du IIe et du début IIIe siècle, a initié l'exploration. Le but ultime de son exploration est de prouver, de démontrer que *le vide* est la seule vérité, tout n'étant qu'illusion, mirage.

L'exploration Satranga n'a aucun but préétabli. Nous ne supposons pas arriver quelque part. Nous ne supposons pas où nous allons atterrir. Nous ne considérons pas à l'avance qu'il y a le vide ou le plein. L'exploration Satranga est ouverte et innocente ! L'innocence est la vraie liberté. L'innocence est un aspect de l'Essence. Être libre, c'est vivre dans l'innocence essentielle.

Il y a également l'exploration dans l'advaita. Le grand mystique et saint indien de la fin du XIXe et début de XXe siècle Ramana Maharshi l'a initiée. Ramana conseillait à ses adeptes de se poser une seule question : *qui suis-je ?* A cette question, nous pouvons répondre de mille façons... *je suis un homme, je suis médecin, père de famille*...et ainsi de suite. Cependant, Ramana Maharshi suggérait de réfuter chacune de ces réponses habituelles, tant que l'explorateur transcende toutes réponses possibles. Cela le conduit à réaliser ce qu'il est vraiment, et entre dans l'expérience transcendantale de ce qu'il est vraiment.

Dans l'exploration Satranga, nous nous posons aussi cette question, comme nous en posons d'autres. *Qui suis-je ? Qui est l'autre ? Qu'est-ce qu'un homme ? Qu'est-ce que la tristesse ?* Nous ne réfutons aucune réponse. Nous explorons toutes les réponses possibles. Par exemple, à la question *Qui-suis-je ?* Vous avez la réponse : *je suis une femme*, et nous ne réfutons pas la réponse *je suis une femme*. Nous nous posons la question de savoir ce que représente être une femme. *Quelle est l'expérience réelle d'être une femme ?* Parce que c'est l'expérience actuelle de l'explorateur. **Toute notre expérience est directement ou indirectement liée à notre nature spirituelle**. L'exploration de toute expérience conduit immanquablement à l'Ame, à l'expérience de l'essence.

P: *Ce serait intéressant de savoir ce que pensent, de votre approche, ceux qui pratiquent les méditations de type bouddhiste, par exemple...*

R: L'exploration Satranga est le lien entre la méditation traditionnelle et les préoccupations terre à terre de la vie courante. C'est une pratique contemplative pour dévoiler les structures psychiques qui affectent notre vie professionnelle, notre vie personnelle et notre vie spirituelle.

L'exploration Satranga est appréciée par un nombre croissant de chercheurs spirituels. Ils y puisent les moyens valorisants de repenser leur pratique méditative et de créer un pont entre la méditation et la vie. C'est cela une spiritualité moderne, une spiritualité contemporaine.

Voilà, je vous ai exposé la vision de Satranga et sa méthodologie. Vous savez presque tout en ce qui concerne cet enseignement....

L'ENSEIGNANT EST UN AMI

P: *Vous avez parlé de trois composants d'un enseignement : la vision, la méthodologie, et quel était le troisième élément ?*

R: L'organisation pratique de l'enseignement.

P: *Organisation pratique dans quel sens ?*

R.: L'organisation pratique, c'est comment l'enseignant coordonne l'enseignement pour une efficacité optimale.

P: *Oui, comment il fait cela ?*

R: Il transmet un corps de connaissances nécessaires, transmet une carte, et vous guide sur le territoire. Il vous suit pas à pas, il vous écoute, il vous écoute pour comprendre votre expérience, il vous écoute pour discerner votre authenticité, il n'a pas un agenda personnel, un programme préétabli, il voit votre vie comme unique, votre expérience comme unique, votre cheminement spirituel comme unique.

Le rôle de l'enseignant est de pouvoir communiquer les idées et les concepts de l'enseignement, donnant sens au chercheur. L'étudiant chercheur doit pouvoir y trouver les moyens appropriés pour relier directement sa vie et ses préoccupations à l'enseignement.

L'enseignement le plus élaboré, le plus profond sera inefficace s'il ne prend pas en compte la situation de celui qui cherche et s'il ne s'adapte pas aux besoins spécifiques de chaque élève.

Le chercheur doit sentir que l'enseignement lui parle, qu'il utilise un langage qu'il comprend. Que cet enseignement est en relation avec ce qu'il sent, avec ce qu'il pense, avec ce qu'il vit, qu'il tient compte de sa situation personnelle et qu'il est à sa portée.

L'enseignant vous initie à l'exploration. Il vous aide à découvrir votre corps, votre Ame, votre conscience. Il vous apprend à explorer le territoire. Il vous apprend à reconnaître et apprécier les bijoux uniques que vous trouvez sur votre chemin unique.

Il assure autant que possible que l'enseignement soit bon et efficace pour vous, qu'il vous soit bénéfique et il va vous suivre tout le long de votre voyage spirituel.

L'enseignant vous encourage quand cela est nécessaire. Il corrige votre parcours, quand cette correction s'impose. Il vous ramène à votre réalité quand vous *divaguez*. Un enseignant est attentif, il est affectif, il est affectueux il vous transmet l'essentiel de sa passion par sa parole et par ses faits et gestes…

P: *Est-ce que la transmission directe de la connaissance du maître à l'élève est possible ?*

R: Elle est non seulement possible, mais nécessaire. Un enseignant doit posséder un certain degré d'évolution, de clarté, d'expérience spirituelle et de sagesse, qu'il peut transmettre. Quand il y a une syntonie entre l'enseignement, l'enseignant et l'élève, la transmission spirituelle se produit naturellement, sans effort, de telle sorte qu'aucun mot ne soit indispensable.

P: *Qu'aucun mot ne soit indispensable, dites-vous ?*

R: Oui, la transmission spirituelle est un phénomène énergétique, sensible, vibratoire. Au cours de l'enseignement, j'emploie bien sûr des mots, comme n'importe quelle autre personne. Mais quand je parle de la *réalité spirituelle*, ma parole transmet aussi quelque chose de cette réalité qui dépasse son énonciation. Les personnes qui sont ouvertes, à l'écoute, ressentent cette vibration au fil du discours. La parole et l'énergie qui l'accompagnent ne sont composées que d'une seule et même pièce pouvant entraîner la transmission.

P: *Parfois, en suivant le discours, on peut perdre réellement l'énergie et la vibration, et s'arrêter aux mots et aux concepts.*

R: Oui, *on peut perdre*, comme vous dites. C'est pourquoi il est préférable de *recevoir* les mots tout en restant *ouvert* et *réceptif*. C'est la différence entre *entendre* et *écouter*. Les mots ne sont que des indicateurs. Les mots sont comme le doigt qui vous montre la lune. Le doigt n'est pas la lune, alors, regardons la lune et non le doigt !

P: *Quand vous enseignez, est-ce le contenu de votre enseignement ou votre présence qui est le plus important?*

R: Les deux sont importants ; le contenu est fait de façon à instituer la présence. La présence donne le goût d'explorer son intériorité. L'enseignement cependant aidera les personnes à sonder leur esprit pour se relier à leurs expériences. Comment explorer sa conscience, comment être soi-même…

Ceci dit, je n'y suis pas pour grand-chose. Tout ce que je peux faire, c'est vous aider à ouvrir la porte, ce qui est derrière cette porte est votre affaire personnelle.

Tout ce que je peux faire, c'est aider les élèves à se connecter à leur *sagesse inhérente*, à leur *nature essentielle*. Leur sagesse inhérente est leur vrai maître.

Il faut rappeler que tout ce que vous cherchez, vous l'avez déjà en vous. Je ne vous apprends donc rien. Tout ce que je vous dis, vous le savez au niveau implicite. Mes mots et mon *discours* vous permettent d'entendre, de voir, de reconnaître, ce que vous savez déjà. C'est cela le vrai sens de l'initiation !

P: *L'initiation est un de ces mots que tout le monde utilise pour toutes sortes de choses ! Pouvez-vous préciser en quoi consiste l'initiation Satranga ?*

R: Habituellement, dans les cercles spirituels, l'initiation est un rituel pendant lequel le maître, son assistant ou une autre personne autorisée vous transmet : une technique, un mot, un mantra...Une fois initié, vous êtes censé pratiquer cette technique pendant un certain temps, peut-être des années, pour arriver au *but* de cette initiation, souvent présenté comme un aboutissement.

Notre idée de l'initiation est différente. Bien sûr, vous êtes initié à l'exploration, à la contemplation, à l'écoute, etc. Mais l'initiation principalement consiste à *Voir*. Voir comment vous fonctionnez, voir ce que vous faites pour créer vos souffrances, voir votre innocence, voir votre perfection...

L'initiation permet de voir la réalité des concepts et des idées que nous avons avancés ce week-end. L'initiation, c'est attirer votre attention sur les phénomènes qui opèrent dans votre vie, sans que vous en soyez conscient, comme l'expérience primaire, la pensée authentique, la sagesse inhérente... En somme, l'initiation, c'est vous familiariser, expérimentalement, biologiquement, organiquement, avec tous les composants de l'enseignement Satranga.

P: *Dans la tradition bouddhiste tibétaine, l'initiation est un rite de la transmission de l'énergie spirituelle, le chi ou la Shakti.*

R: Je ne sais pas, peut-être. Il y a beaucoup de versions d'initiations qui circulent dans les milieux spirituels. Chaque enseignement a sa propre manière de transmission.

Pour Satranga, la transmission se fait sans médiation technique, et se déroule en intimité entre l'enseignant et l'élève, cœur à cœur. Dans un apprentissage par lequel l'élève, lentement mais sûrement, devient de plus en plus sensible, parvient à une vue plus claire de sa réalité. Ainsi, la transmission spirituelle se produit continuellement.

P: *Est-ce que l'enseignement Satranga se vit en groupe ?*

R: Notre méthodologie se compose de diverses approches. Selon les situations et les besoin particuliers, Satranga se pratique en groupe, seul, ou en compagnie d'un autre étudiant sous la supervision de l'enseignant. Nous avons un souci d'économie à la fois de temps, d'argent et d'énergie, mais également d'efficacité dans le respect du rythme individuel de chacun. Le travail est organisé de telle sorte que l'on joue avec tous ces éléments, en adaptant les modalités appropriées à chaque étape du travail.

Des séminaires d'initiation proposant les bases de notre enseignement sont prévus en petits groupes, qui permettent d'aborder les processus méthodiques et de se familiariser avec tous ses aspects. Nous apprenons ce qui nous est essentiel pour travailler seul, et actualiser notre nouvelle approche au quotidien. Un travail individuel fait également partie de l'initiation.

A partir de cette initiation, l'élève est autonome et prend son évolution en main. Cependant, au cours de ce voyage, on peut souhaiter partager son expérience, approfondir ses connaissances, demander de l'aide, clarifier ses doutes et ses questionnements. Nous nous réunissons alors ponctuellement et, souvent, en week-end, pour un travail avancé dans les *cercles d'exploration*.

P: *Les élèves sont-ils obligés de participer à tous les cercles d'exploration ?*

R: Dans l'enseignement Satranga, vous êtes responsable de votre évolution personnelle. Vous n'êtes pas obligé de faire quoi que ce soit. Vous faites ce que vous pouvez faire selon vos possibilités, et en accord avec votre situation personnelle, familiale, professionnelle, géographique...

Nous insistons sur le fait que rien n'est obligatoire, car chacun gère sa propre évolution. Découvrir sa vérité, découvrir son humanité, découvrir sa divinité est une aventure individuelle. Il n'y a ni règle, ni formule, ni maître, ni gourou, ni livre, qui puissent vous les procurer.

P: *Y a-t-il des élèves de niveaux différents dans le Satranga ?*

R: Non, Satranga n'est pas un enseignement hiérarchique. Satranga est un enseignement simple et pratique. Il n'est pas nécessaire d'avoir de connaissances avancées pour le comprendre. Satranga est un enseignement dense et profond. Le chercheur plus averti, lui, y trouvera une trame claire et synthétique.

P: *L'exploration se pratique-t-elle avec une personne qualifiée ?*

R: Non, pas nécessairement, vous pouvez faire une exploration seul, ou avec un compagnon. L'accompagnement est une partie importante de l'initiation. Vous êtes initié à l'exploration mais aussi à accompagner l'autre dans son exploration.

P: *Est-ce que l'exploration se pratique uniquement dans le contexte d'une retraite ou d'un séminaire ?*

R: Non, l'exploration n'est pas uniquement réservée aux retraites et séminaires. Bien sûr, des séminaires sont organisés pour l'initiation, pour apprendre le processus. Les retraites sont l'occasion de s'adonner à des pratiques intenses et ponctuelles. Sinon, l'exploration peut s'exercer seul chez soi, avec un partenaire attitré, que nous nommons *Ham-dam*, dans un cercle spirituel, par exemple qu'un ami a réuni chez lui, au travail ou dans la vie quotidienne….

P: *Certaines personnes avancent l'idée qu'un engagement dans un enseignement est très important, et suivre un **gourou parfait** qui a toutes les réponses serait une condition nécessaire pour toute évolution spirituelle. Apparemment, vous n'êtes pas de cet avis ! Pourriez-vous clarifier cela ?*

R: Les enseignements sont importants et nécessaires. Cependant, ils ne sont que des moyens permettant de traverser l'obscurité de l'ignorance.

Je vous ai maintes fois indiqué pendant ce séminaire qu'il y a un seul chemin valable pour vous, c'est votre chemin individuel. La nature nous a confié à nous-mêmes, à ce maître intérieur et à ce génie qui établit sa demeure en notre cœur. Le maître extérieur oriente notre regard vers ce maître intérieur.

Nous utilisons un enseignement spirituel pour atteindre une étape du voyage spirituel. Une fois celle-ci atteinte, nous devenons de plus en plus détaché de l'enseignement. Tout comme nous utilisons une barque pour traverser la rivière. Et, arrivés sur l'autre berge, nous ne portons pas la barque sur nos têtes, nous l'abandonnons. Nous ne pouvons pas rester accrochés à un enseignement à jamais, comme il est habituel de le faire pour une religion.

Si vous rencontrez un *gourou parfait*, que vous devriez suivre, celui qui a toutes les réponses à tout, celui qui vous montre le chemin à parcourir… alors débarrassez-vous de lui le plus rapidement possible !

P: *Donc, vous êtes un gourou anti-gourou !*

R: Non, je ne suis ni un gourou, ni un anti-gourou. L'idée de suivre un gourou, ou qui que ce soit d'autre pour trouver des réponses, va contre l'enseignement que je propose, contre tout ce que je dis. Je dis et je répète que les réponses se trouvent au fond de nous-mêmes. Chercher un gourou pour trouver les réponses, c'est regarder dans la mauvaise direction.

P: *C'est la première fois que j'entends parler de Satranga. Croyez-vous que Satranga pourrait devenir un jour un enseignement populaire ?*

R: Malgré notre profil bas, notre approche intimiste, notre tendance non-médiatico-publicitaire et notre insistance à ne pas vouloir *imposer* Satranga à tout le monde, celui-ci poursuit son développement, souvent de façon nouvelle et surprenante, à la fois pour son enseignant et pour ses étudiants. Il est toujours difficile d'évaluer ses contributions et ses défis dans l'avenir...

P: *Quel rôle Satranga peut jouer dans la transformation de la culture et de la conscience collective?*

R: Je n'ai ni la prétention ni l'ambition d'initier la transformation de la culture et de la conscience collective ! Je suis un humble enseignant qui serait pleinement satisfait s'il pouvait apporter le changement, la transformation et la réalisation dans la vie de quelques femmes et quelques hommes en syntonie avec cet enseignement !

Satranga peut aider les individus à s'ouvrir et à s'éveiller à leur nature. Ainsi, elle devient source de clarté, d'amour et de bonne volonté. En s'éveillant à leur nature, ces individus prennent la responsabilité de leur existence, commencent à prendre leur place dans la société et dans la vie, c'est leur participation. Et elles s'alignent alors à leur vrai destin.

P: *Satranga est une approche plutôt orientale de la spiritualité ? Conviendrait-il à la vie occidentale ?*

R: Satranga est un enseignement contemporain, il n'est ni d'orient ni d'occident. Satranga est approprié pour les femmes et les hommes de toute origine. Satranga intègre la spiritualité dans le quotidien des hommes et des femmes d'aujourd'hui, sans négliger leur vie professionnelle, familiale et sociale.

Satranga est un enseignement spirituel ouvert à toute personne en syntonie avec sa vision et sa philosophie, et qui y trouve valeur et attrait personnel, sans discrimination, sans condition de niveau social, âge, sexe, culture, religion, ethnie, couleur, profession, orientation sexuelle, etc.

P: *Oui, vous avez démontré les possibilités de Satranga mais ce ne sont que des promesses. Tous les enseignements spirituels, les techniques de développement personnel et les psychothérapies promettent, comme vous, l'évolution individuelle et collective. Pourquoi devrais-je suivre votre enseignement plutôt qu'un autre ?*

R: C'est une très bonne question......

P: *Mais encore, quelle est votre réponse ?*

R: C'est une question à laquelle vous devez répondre par vous-même. Je n'ai pas à motiver votre choix, et n'ai pas, non plus, besoin de vous convaincre ou de vous persuader. Je ne peux que vous présenter cet enseignement et sa vision, et le choix vous revient, de suivre ou non Satranga.

Le travail que je propose est une relation d'amour, une relation d'amitié dans le respect et l'humilité. Celui auquel je vous invite n'est pas le seul chemin possible, il y en a beaucoup d'autres. Il vous appartient de discerner celui qui vous convient.

Je conviens que mon humble boutique d'artisan-instructeur peut vous paraître pâle et insignifiante, comparée aux promesses grandioses des *multinationales de l'illumination*. Offrir un enseignement spirituel dans le contexte actuel où fleurissent les pop spiritualités est un défi. Proposer un travail essentiel est à contretemps et à contre-courant. Inviter à explorer son humanité n'est pas à la mode. Cependant, je m'y engage tout de même, et je vous propose la voie de *redevenir humain*, de redécouvrir votre humanité, de redécouvrir votre divinité.

Vous m'écoutez, vous étudiez ce que je dis. J'essaie d'être le plus clair possible. Je ne vous promets rien. Je ne vous garantis pas l'illumination en vingt et un jours. Je ne vous propose pas une gamme de produits pour vous flatter. Je ne vous fournis pas des méthodes pour vous gonfler en importance et en estime. Je ne vous promets pas non plus la puissance, l'influence, la prospérité et tout ce que votre ego désire ! Je vous propose seulement un voyage, une découverte, une exploration de votre monde intérieur. Je vous invite à vivre une vie de liberté et de vérité, loin des mensonges et des illusions.

ULTIME REPONSE

Suivre un enseignement spirituel n'est pas chose courante dans notre environnement occidental. La démarche initiale de notre engagement est de comprendre qu'il existe une possibilité réelle d'évolution pour l'être humain. Sur base de ce constat, nous pouvons aborder notre recherche de manière efficace et appropriée.

Voilà, nous sommes à la fin de notre séminaire. Nous sommes à la fin de notre si riche week-end ***Une introduction à Satranga***. Avant de vous quitter et avec l'espoir de vous revoir, permettez-moi encore une fois de vous remercier pour votre présence, pour votre attention et pour vos questions éclairantes.

J'avais une intention claire pour ce week-end : vous transmettre les principes spirituels de Satranga. J'espère que j'ai réussi à transmettre l'essentiel de mon message.

Je vous ai parlé en profondeur de la philosophie de Satranga et de sa méthodologie. Pendant ce séminaire, j'ai tenté d'être aussi clair que possible dans mes explications. J'ai répondu, je pense, à toutes les questions concernant cet enseignement.

Je vous ai exposé ma vision de la spiritualité, de l'homme, et de sa possible évolution. Je vous ai transmis les principes spirituels de Satranga. Si vous les comprenez, si vous voyez vraiment ces principes en action dans votre vie, votre vie peut changer radicalement.

Maintenant vous savez presque tout sur Satranga. Maintenant vous savez assez pour pouvoir décider si cet enseignement est approprié pour vous, ou pas ….

Peut-être vous voudriez aller plus loin. Aller plus loin, c'est permettre à ces informations, idées, concepts et savoirs de devenir connaissance, connaissance incarnée, une certitude, la foi. Cela demande un engagement personnel. L'engagement personnel signifie ouvrir les yeux, d'apprendre à voir, et Voir…

Au revoir, et à bientôt !

INVITATION

J'aurais bien aimé vous garantir qu'il suffirait de lire ce livre pour changer votre vie, mais malheureusement je ne le peux pas... Ce livre n'est qu'un instrument d'*information,* un outil du *savoir*. Bien sûr ces informations et ce savoir peuvent vous aider à voir plus clair dans votre façon de fonctionner, et peuvent en conséquence apporter les ajustements qui s'imposent. Mais le réel changement et la transformation se produisent par l'exploration de notre *monde intérieur*.

En vous proposant ce livre, mon intention est de vous démontrer **qu'une vie de bonheur, de félicité, de plénitude, de joie et de créativité est toujours possible !** Oui, c'est possible, c'est vraiment possible et ce serait triste de ne pas vivre une telle vie.

A travers ces quelques pages j'ai voulu exposer l'utilité et l'importance d'une démarche spirituelle authentique ; et de vous sensibiliser à la nécessité de prendre en main votre vie, votre destin, en prêtant attention à vos inspirations les plus profondes.

Ce livre est une invitation à un voyage que chacun peut entreprendre. Un voyage plein de paradoxes, car il ne vous conduit pas en terres étrangères, il vous montre que vous êtes un étranger sur votre propre territoire !

A la lecture de ces quelques pages, la vision et la perspective présentées ici ont-elles une résonnance dans votre esprit ?

La logique de cet enseignement semble-t-elle vous convenir ?

Cela présente-t-il un intérêt ?

Cela vous fait-il vibrer ?

Après avoir parcouru ce livre, si vous considérez que l'enseignement Satranga peut fournir une aide et un soutien à votre réalisation spirituelle, je serai ravi de vous en confier les modalités.

S.R.ROSHAN

sat.roshan@yahoo.com